LE RITUEL
DES
ESPRITS-FORTS.

LE RITUEL
DES
ESPRITS-FORTS,
OU
LE TABLEAU
DES
INCRÉDULES MODERNES,
AU LIT DE LA MORT;

Avec l'Oraison funébre d'un Philosophe, & un Discours aux Incrédules.

SECONDE ÉDITION,

Revûe, corrigée & augmentée d'un Discours Préliminaire, & d'une Dissertation contre les Matérialistes, sur le sort de l'ame après la mort, dans toutes les hypotèses.

A PARIS,
Chez Joseph BERTHIER, Libraire, Quai & sous la porte des grands Augustins.

M. DCC. LXII.

Avec Approbation & Privilége du Roi.

Alors les impies feront saisis d'une horrible frayeur, & diront en eux-mêmes, consternés & déchirés par le remords : voilà cependant ces Saints, que nous avons traités autrefois avec tant de dérision, & chargés de tant d'opptobres. O insensés que nous étions ! nous traitions leur conduite d'extravagante folie, & nous pensions qu'ils descendroient couverts d'ignominie dans le tombeau. Voilà pourtant comme ils sont aujourd'hui au rang des enfans de Dieu, & comme leur éternelle destinée, est d'être dans la société des Saints. Il faut donc que nous nous soyons égarés de la voye de la vérité, & que nos yeux se soient fermés à la vive lumiere du Soleil immortel de justice. Nous nous sommes lassés dans les routes de l'iniquité & de la perdition, nous avons marché par des sentiers extrêmement rudes, & nous avons ignoré la voye qui conduit à Dieu. Hélas ! dequoi nous ont servi notre vanité impérieuse & le faste de nos richesses ? Toutes ces choses ont passé comme l'ombre . . . . . nous avons passé avec elles, sans pouvoir offrir aujourd'hui à Dieu, aucune vertu ; ainsi, nous sommes-nous attirés une mort éternelle. *De la Sagesse*. chap. 5. v. 2.

PRÉFACE.

DES personnes recommandables par leurs talens & par leur amour pour la Religion, ayant lû cet ouvrage, nous ont encouragés à le retoucher. Elles ont crû que sous le voile d'une censure respectueuse qui l'enveloppe, il renfermoit des parties propres à le rendre utile : ce premier jugement nous a portés à leur en demander un plus étendu. Elles nous ont fait connoître que l'enjouement répandu avec trop peu de mesure dans divers endroits de nos Dialogues, étoit un obstacle au fruit qu'on en pouvoit retirer ; elles ont même consenti à nous marquer les principaux morceaux qui devoient être retouchés. Ainſi, aidés de leurs conſeils & animés du vif ſentiment dicté par la Religion, de nous rendre utiles, nous avons fait les différentes corrections qui leur ont paru néceſſaires. Mais le jugement de ces perſonnes n'a pas été la ſeule régle des changemens que nous avons faits. Nous avons également tâché de mettre à profit la critique des Auteurs des Journaux & des Feuilles Périodiques qui en ont donné l'extrait: ainſi, ſur le jugement de l'Auteur de l'Année Littéraire, qui nous a reproché avec juſtice (*a*), *que le Philoſophe malade, s'amuſoit à faire des plaiſanteries dans la circonſtance la plus ſérieuſe, & ſur un ſujet très-reſpectable, ſur la confeſſion*; nous avons ſubſtitué d'autres diſcours plus convena-

(*a*) Année Littéraire 1760. feuille dixiéme p. 335. & ſuivantes.

bles, & en conſervant dans la bouche du Philoſophe les mêmes objections, nous avons tâché d'y oppoſer des réponſes ſolides, qui n'euſſent pas le défaut de celles auxquelles le même Auteur a remarqué que nous n'avions pas entierement répondu. Mais comme les principales difficultés de ce Philoſophe roulent ſur le dogme d'une autre vie, ſur la ſimplicité & l'immortalité de nos ames, ſur la différence du ſort qu'elles éprouveront, nous avons crû qu'il étoit à propos d'en faire le ſujet d'une Diſſertation particuliere, que nous avons jointe à l'ouvrage; au lieu d'en répandre & d'en ſemer en quelque ſorte les preuves dans l'ouvrage même, où elles euſſent eu moins de force que réunies ſous un ſeul & même jour. Nous avons auſſi profité en pluſieurs endroits, du jugement de l'Auteur du *Journal Chrétien* (a). 1°. En corrigeant par la gravité d'un ſecond titre, la ſingularité du premier, peut-être moins convenable à un ſujet tel que celui qui fait le fonds de cet écrit. En ôtant en ſecond lieu, de la bouche du Philoſophe, des diſcours qui n'avoient point aſſez de gravité; mais ſon jugement nous a ſurtout été très-utile pour les Dialogues qui ſuivent celui, où enfin le Philoſophe meurt. En réfléchiſſant ſur les obſervations du Journaliſte, nous avons crû qu'ils pouvoient être retranchés, qu'ils affoibliſſoient l'intérêt, en le ſuſpendant trop long-tems, qu'ils ſeroient mieux remplacés par une Diſſertation expreſſe, ſur l'immortalité de l'ame; & enfin, qu'il falloit

(a) Journal Chrétien, ann. 1760. mois de Juillet pag. 1. & ſuivantes.

ſe borner à montrer aux incrédules, l'état & la fragilité de ce monde, & les laiſſer avancer tous ſeuls ſur les bords de ce profond abyſme de l'Eternité qui les attend, & qui ſervira d'immenſe & inſurmontable barriere entre eux & ce néant, où ils voudroient bien retomber.

J'AI lû par ordre de Monſeigneur le Chancellier, un Imprimé qui a pour titre, *Le Tableau des Incrédules Modernes, au lit de la mort*; les corrections & additions de l'Auteur à cette ſeconde édition, rendront la lecture de cet ouvrage, encore plus intéreſſante. A Paris ce 25 Avril 1761.

J. TAMPONNET, *Doyen de la Faculté de Théologie de Paris.*

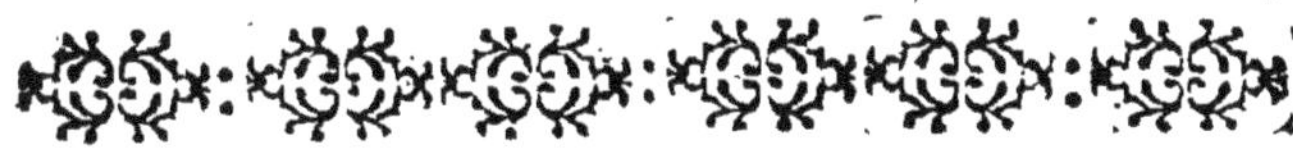

DISCOURS PRÉLIMINAIRE.

QUELS vifs ſentimens de douleur, ne doivent pas éprouver aujourd'hui les ames ſenſibles aux intérêts de la Religion, de voir tant de Chrétiens déſerter la foi, ſe jouer des myſtéres, bâtir en inſenſés des ſyſtêmes d'une orgueilleuſe impiété, & courir en aveugles en foulant le Sang qui nous a rachetés, vers ces épouvantables abyſmes où grondera éternellement le tonnerre de Dieu! Croiriez-vous donc, ô incrédules! vous échapper enfin à la vengeance céleſte? Ha! que vous ſerez foibles & bien peu en ſûreté au lit de la mort, de ne pouvoir mettre entre Dieu & vous, d'autre barriere que ce néant qui vous eſt ſi cher, & où ſa Toute-Puiſſance ſçaura bien vous empêcher de tomber. Mais ſerons-nous ſortis du même ſein que vous, aurons-nous eu la même origine, & ne pourrons-nous eſpérer la même fin ? Faudra-t il que des créatures unies ici bas par les liens si doux du sang, de l'amitié, de la Patrie, se voyent un jour séparées de leurs freres, par cet énorme & éternel cahos, que Dieu dans sa colére, bâtira entre le Ciel & les Enfers ? O incrédules ! quoi, non contens de faire la guerre à notre foi, voulez-vous encore déchirer sans cesse nos cœurs (*a*), par la vûe accablante de l'affreux avenir qui vous attend ? Nous n'appréhendons pas pour notre croyance : elle est en sûreté ; Dieu la protége, la prémunit contre la fiére sublimité de vos discours, contre la séduction de votre langage ; mais pour nos cœurs, loin de les affermir contre la vûe de votre destinée, Dieu les remplit au contraire d'une sensibilité plus que naturelle ; il tient sans cesse ouverts aux yeux de notre foi, ces abysmes

(*a*) Ce spectacle si attendrissant de tant d'hommes aujourd'hui qui se perdent, me rappelle ce magnifique discours de Saint Augustin, au sujet des Donatist. qui respire la charité la plus véhémente : Souvenez-vous, dit-il, que c'est un malade qu'il faut guérir ; appliquez-vous à la priere, ne parlez point contre lui, mais parlez à Dieu pour lui ; dites paisiblement à cet ennemi : quoique vous disiez, quoique vous me haïssiez, vous êtes mon frere.
Serm. 557. *alias* 35. prononcé à Cartage.

brûlans, où son infléxible vengeance le forcera de vous laisser tomber. Or, c'ést vers ces jours de désolation, que l'état actuel de la Religion, & la licence inouie des mœurs nous oblige à transporter les coupables; que voyons-nous en effet, qui ne soit digne d'attirer sur nous les châtimens de Dieu? Oui sans doute, dans tous les temps on a crié à la dépravation de mœurs! à l'incrédulité! Mais jamais furent-elles portées à ce haut période? Et comme un digne Evêque de nos jours (*a*), l'a si bien remarqué, au moins *les Idolâtres déifioient leurs vices, plutôt que de renoncer à avoir des Divinités; & nos Philosophes pour favoriser leurs vices, anéantissent ou abrutissent leur Dieu.* En effet que de systêmes sur *le hazard aveugle*, sur la *nécessité*, sur de prétendus *germes primitifs* (*b*), on publie chaque jour,

(*a*) Instruct. Pastor. de M. de Lodeve, (Fumel) in 4°. p. 15. ann. 1759.

(*b*) *Réflexions sur l'existence de l'ame & de Dieu. Le Pyrrhonisme du Sage, la Philosophie du bon sens, l'Histoire Naturelle de l'ame, l'Interprétation de la Nature.* Nous suspendons une énumération qui seroit affligeante, mais remarquons avec M. Formey, Sécrétaire Perpétuel de l'Académie de Berlin, dans sa Lettre au savant Chancellier de France, que l'affection que les nouveaux Philoso-

pour bannir enfin de l'Univers une premiere cause, & rompre ces immenses chaînes qui lient la Terre avec les Cieux. O incrédules! que les Payens, s'ils revenoient au monde, seroient étonnés de s'y voir sans Divinité! Mais nos Adversaires eux-mêmes, sont surpris de l'ascendant qu'ils ont acquis sur la foi de leur siecle; ils ne s'attendoient sûrement pas à ces rapides progrès. Autrefois ils disoient bien, mais seulement dans leur cœur, qu'ils ne croyoient ni Dieu, ni Religion; aujourd'hui, ce monstrueux blasphême, est dans leur bouche (*a*) : ils osent le publier dans les Sociétés, le répandre dans les Familles, le faire entendre dans les Cloîtres. Autrefois, l'incrédulité étoit un vice inquiet que faisoit naître la seule tyrannie des passions, c'est aujourd'hui une lumiere empoisonnée de l'ame; on est incrédule par systême, comme on l'é-

phes montrent pour l'attraction, les formes substantielles, vraies qualités occultes, ne peuvent être qu'une suite des efforts que quelques-uns d'entre-eux semblent faire depuis quelque temps, pour rejetter une premiere cause.

(*a*) Aristote, (au rapport de Saint Clement d'Alexandrie, d'après Socrate & Platon) disoit, que cette demande, *s'il y a un Dieu*, méritoit plutôt une punition, qu'une réponse.

toit par dépravation de mœurs. Autrefois, on tenoit à des principes dont la lumiere, quoique souvent enveloppée de tenebres, déchiroit enfin le nuage de l'aveuglement, quand l'abysme alloit s'ouvrir; aujourd'hui ils se sont tous évanouis, & lorsque le feu des passions est éteint, le flambeau de l'incrédulité brille encore, & ne s'amortit qu'avec le corps. Autrefois, l'irréligion d'un pere, d'une mere étoit un secret impenétrable aux enfans; aujourd'hui, c'est le premier exemple dont on appuye l'incrédulité, masquée de sentimens arbitraires, qu'on verse dans les jeunes ames. Autrefois enfin, les sanctuaires de l'irréligion, les lieux où elle regnoit, étoient ignorés, resserrés par d'étroites limites, que le Peuple ne savoit ni ne pouvoit franchir; aujourd'hui, toutes ces fortes barriéres sont brisées; ce n'est plus dans un réduit obscur que l'incrédulité s'est cachée, les lieux les plus distans sont compris dans son enceinte, & ce monstre affranchi de ses chaînes, sort de son antre profond, de son sanctuaire, de son temple, & se montre avec une tête fiere & altiere, avec une audace sacrilége dans toutes les régions : ainsi, ce que n'avoit pû la dépravation de dix-sept siécles, a été à peine aujourd'hui l'ouvrage de vingt ans. Les serviteurs sont plus impies que les maîtres, parce qu'ils n'ont pas comme ceux-ci, le rempart des sentimens ; le sexe n'a plus de pudeur, parce qu'il est même affranchi de la nécessité de séduire ; les enfans n'ont plus de subordination à l'autorité de leurs peres, parce que ceux-ci ont secoué celle de Dieu ; le mariage est une sorte de brigandage, une union seulement d'état, de convenance, parce qu'il ne tient plus que par les fragiles liens d'une inquiete & horrible passion ; l'impiété n'a plus de masque, parce qu'en bannissant Dieu de l'Univers, elle n'a plus à rougir de la présence des hommes (*a*) ; enfin, les sacrés liens d'amour, de reconnoissance, de fidélité, n'unissent guéres plus qu'extérieurement les familles, les Sociétés, les Provinces, les Etats, les Empires, parce que ces

(*a*) La Religion, dit M. de Montesquieu, est toujours le plus sûr garant que l'on puisse avoir des mœurs des hommes.

Grandeur & décadence des Romains. Chap. 10.

Quels fleaux par conséquent pour le monde, que ces Erostrates qui renversent les Temples !

grandes vérités que les Cieux ont revelé à la Terre, ne sont regardées que comme des fictions intéressées de la politique. Mais quoi, grand Dieu! consentez-vous donc à partager avec le fier vice, l'empire du monde ? Ne descendrez-vous pas pour voir cette tour insensée qu'élevent les impies, comme un rempart où ne pourront atteindre vos foudres ? Ne mettrez-vous pas la confusion dans leur langage corrupteur, pour arrêter les progrès de l'aveugle licence ? Votre bras soutiendra-t-il d'avantage une Terre souillée par tant de crimes, où la passion n'a plus même ces égards de faire entrer, comme Rome Payenne, les vices dans le Sanctuaire (*a*) ; ou comme Athénes, de jetter le voîle sur la Divinité (*b*), pour lui dérober l'énormité

(*a*) On suppose ici, que l'Athéisme est plus coupable que le Polythéisme ; car en vain Bayle a-t-i pris à tâche de déprimer le Paganisme au dessous de l'Athéisme ; c'est une thèse universellement soûtenue, que l'Athéisme est le plus criminel. Il est plus aisé de connoître qu il doit exister un premier Etre quelconque, qu'il n'est aisé de juger qu'il ne doit y en avoir qu'un. D'ailleurs, les Payens en adorant des Idoles vicieuses, mettoient en quelque sorte leurs crimes sous la protection de la Divinité.

(*b*) *Ignoto Deo*, étoit l'Inscription de l'Autel des Athéniens.

de tant de désordres ; en effet, le vice aujourd'hui se gêne-t-il, se cache-t-il d'avantage ? Or, à la vûe de ces exécrables désordres, rechercherons-nous encore les causes de nos malheurs actuels ? Ne sçaurons-nous distinguer dans cet affreux Ocean de maux qui nous inondent, les torrens amers que Dieu y mêle & verse à grands flots du Calice de sa fureur ; rappellons-nous ce qu'un de nos plus Illustres Poëtes a si bien exprimé.

C'est le courroux des Rois qui fait armer la Terre,
C'est le courroux des Cieux qui fait armer les Rois (*a*).

Si tout Israel est puni pour le peché d'Achab, & si le Ciel afflige quelque-fois tout un Peuple, toute la multitude, pour les crimes d'un seul (*b*), que ne devons-

(*a*) Rousseau, Ode à la paix.

(*b*) C'est ce qu'un Moderne a rendu avec des couleurs bien naïves.

Unius
Ob crimen, inquit leo, vindicis ira numinis,
Sæpe universam plectit multitudinem.

Desbillons, *Fabula peste laborantes belluæ.* Trevoux, 1761. 2. vol. de Janv. pag. 363.

On oppose au raisonnement tiré de nos malheurs,

nous pas craindre lorsque l'impiété ayant renversé les digues puissantes, & arraché les barrieres éternelles qui séparent le bien & le mal, une mer vaste de crimes, désole presque tout l'Univers. Hélas! tout est confondu, le bouleversement, le cahos, ont pris la place de l'ordre, & l'on oseroit presque dire que le monde moral exigeroit une nouvelle création. Cependant, qu'il est dûr pour un Citoyen, d'être réduit à se plaindre de son siécle : & de quel siécle? Un des plus mémorables dont le souvenir puisse passer à la postérité; car faut-il que telle soit la malheureuse destinée de cet âge, quoique Chrétien, de ressembler si parfaitement à (*a*) celui qui suivit le Regne tant vanté d'Auguste, & qui participa avec jus-

que *nos ennemis ne valent pas mieux que nous*; mais Dieu ne punissoit-il pas les crimes des Juifs, par les victoires que les Idolâtres remportoient sur ce Peuple? Et d'ailleurs, outre les vices également punissables que nous avons de commun avec nos ennemis, il y a dans nous un crime énorme de plus, c'est notre abandon actuel de la foi, qui dans eux est le crime des Peres, dans nous, est l'ouvrage des enfans.

(*a*) Pour juger de la fidélité du tableau du goût de ce siécle, il suffit d'en rappeller les Auteurs; Tacite, Pline le jeune, Plutarque, Phlégon, Epictete, Suetone, Arrian, &c.

tice à sa gloire (*a*) ? Faut-il qu'il ait de commun avec celui-là, non-seulement l'urbanité, la douceur, la facilité, la finesse, la subtilité des esprits, la variété étonnante des génies, mais encore un acharnement universel contre le nom Chrétien ? Hélas ! ces grands Maîtres d'alors bien moins coupables que nous, combattoient pour leurs Autels, nous nous efforçons de renverser les nôtres ; ils plaidoient la Cause de l'Univers Idolâtre, nous nous élevons contre l'Univers Chrétien ; ils croyoient rendre service aux Cieux, nous les bravons ; ils craignoient de voir s'écrouler, avec

(*a*) Il seroit bien à souhaiter que tant de personnes qui secouent aujourd'hui si facilement le joug de la Religion, voulussent considérer attentivement le Christianisme dans deux âges bien remarquables : le siécle d'Auguste où il naquit & triompha de tant de Sages qu'il confondit ou gagna à la foi, & le siécle suivant, où plus persécuté par les écrits des Philosophes & par le glaive des Empereurs, il s'accrut cependant d'avantage. Rien n'est plus frappant sur ce point, que les Textes de Pline le jeune, de Tertulien, d'Arnobe. Et quel contraste dans l'issue de la prédication des premiers Disciples du Christianisme, presque tous Philosophes très-sçavans, & transfuges des Sectes Payennes, & de l'Apostolat de ces mêmes Sectes, qui députerent dans tout le monde des Philosophes Missionnaires, pour soûtenir envain le Paganisme, que notre Religion sans appui, précipitoit à grands pas vers sa ruine. Le tableau de ces deux siécles, fourniroit seul à un excellent Traité de la Religion.

leurs Temples, leurs Monarchies ; nous ne ſongeons pas que nous ébranlons d'un ſeul coup, toutes celles du Monde ; que nos ſyſtêmes en accélerent le renverſement, la ruine ; avec cette différence de nous à ces Payens, qui virent par l'abolition de l'Idolâtrie, que le ſort de leurs Etats ne dépendoit pas de la chûte du Paganiſme, au lieu que de la deſtruction du Chriſtianiſme, ſuivroit néceſſairement le renverſement de l'Univers. Voilà pourtant le déteſtable projet où tendent tant de lumieres de notre ſiécle.

Mais ne déguiſons pas le principe des déſordres qui regnent aujourd'hui ; c'eſt la liberté de penſer, qui a cauſé le premier mal ; c'eſt la licence d'écrire qui le continue. Hélas ! craignons que le ſilence de Dieu, ne l'acheve ; & qu'on ne penſe pas que comme d'autres Licinius (*a*), nous prétendons faire une guer-

(*a*) Empereur avec Conſtantin, il déteſtoit les gens de Lettres & les Philoſophes, il les faiſoit mourir en les appellant *le venin & la peſte publique*.

Chi-hoang-ti fameux Empereur de la Chine, plus traitable que Licinius, ſe contenta de faire brûler tous les Livres, ce qui, pour le dire en paſſant, déconcerte fort les incrédules ſur l'Antiquité prétendue des Chinois. D'ailleurs, M. l'Abre inquiete aux Sciences. Qu'on n'imagine pas que nous voulons décrier le nom de Philosophes, la sublime science de la geométrie & les Geométres, les Maîtres de la vraie sagesse, les Docteurs de la droite raison ; ô quel crime ! si nous osions nous élever contre des sciences & des talens qui viennent de Dieu. Aussi, disoit Lactance, la vraie Philosophie bien loin d'être en opposition avec Dieu & la Religion, y puise au contraire de nouvelles forces, & en devient

bé Midam a fait depuis peu, une découverte qui confirme le sentiment de M. de Guignes : sçavoir, que les Chinois sont une Colonie des Egyptiens ; car il a déchiffré à Rome, une Inscription Egyptienne, par le moyen d'un Dictionnaire Chinois. Mais qu'importe que ce Peuple soit ou ne soit pas descendu d'Egypte, question que les Mémoires de M. de Guignes, ne paroissent pas avoir entierement éclaircie, les incrédules n'y gagnent rien, car aux yeux des personnes équitables & judicieuses, il est manifeste par les Mémoires de M. Freret (Tom. X. XIII. XV. & XVIII. des Mémoires des Inscriptions) que les Chinois, en se resserrant même dans la Chronologie du texte Hébreu, ne peuvent pas, de quelque tige qu'ils viennent, remonter plus haut qu'un petit fils, ou tout au plus, un fils de Noë. La savante Histoire Universelle, par une Société de gens de Lettres de Londres, s'arrête à peine à résoudre les objections en faveur de cette antiquité prétendue. Ainsi, combien n'est-il pas déplorable, que tant d'incrédules croyent pouvoir s'en faire un appui ? Ils rougiroient de leur confiance, s'ils daignoient approfondir la question.

une source plus abondante de fruits (a). De-là, le Savant M. Ricotier, fait à propos cette solide réflexion (b) : *le mauvais usage que quelques esprits mal intentionnés ont fait de tout tems de la Philosophie, l'a décriée dans l'esprit de bien des gens ; ils s'imaginent qu'il est difficile d'être tout ensemble bon Chrétien & bon Philosophe, mais ce sont deux qualités qui bien loin d'être incompatibles, s'accordent parfaitement* : & qu'il nous soit permis de l'appuyer du même exemple que ce docte Traducteur ; exemple que nos sçavans Philosophes doivent accueillir avec joye : c'est celui de l'Illustre Boyle, un des plus grands hommes de l'Angleterre (a). *Ce n'étoit pas*,

(a) *Philosophia viro prodest plurimùm, si Religione institutus sit animus.*
Lactan. lib. 4. cap. 1.

(b) Avertissement à la tête de la Trad. Françoise, du Traité sur l'existence de Dieu & sur la Religion, de M. Clarke. pag. XVI. 2e. édit.

(c) M. Boyle étoit un des plus sçavans & des plus pieux hommes d'Angleterre dans le dernier siécle. C'est de lui qu'est la célébre Fondation *de la Lecture annuelle*, c'est-à-dire, de certains Sermons de controverse sur la Religion, qui se prêchent devant des Assemblées de sçavans. Cette mémorable Fondation a produit de très-excellens Discours, dont nous avons une Collection en plusieurs volumes, par M. Gilbert Burnet.

Peut-être lira-t-on avec plaisir ce trait sur

dit le Traducteur, (ibid. p XVII.) *un de ces Philosophes qui n'étudient la Nature que par un motif de vaine curiosité, ce qui le rendoit si ardent dans la recherche des connoissances naturelles, c'étoit la persuasion que cette étude, bien-loin d'éteindre la Religion, étoit au contraire très-propre à la nourrir.* Et en effet, les lumieres que la Religion & la Philosophie réfléchissent, ne peuvent qu'avoir plus de force étant réunies; la Philosophie fait voir la difformité des passions, la Religion les arrache; la Philosophie montre le chemin de la vertu, la Réligion y fait marcher; celle-là fait estimer les vrais biens de l'ame, la Religion les donne, & sur tout, rend insensible à la vaine gloire de les posséder; enfin, la Religion & la Philosophie apprennent chacune à leur maniere, à bien mourir. Or, cette partie la plus essentielle de la Philosophie, est-elle connue? Les exemples des grands modéles touchent-ils? Et dans ces tems de

l'Illustre Boyle : c'est qu'il avoit de si hautes idées de Dieu, qu'il *ne prononçoit jamais son saint nom, qu'il n'eût fait auparavant une petite pause qui interrompoit visiblement son discours.*

Oraison funébre de M. Boyle, par M. Burnet, Evêque de Salisbury.

calamité,

calamité, & d'une sorte de vertige où la vraie Philosophie décriée, ose à peine se montrer à la suite de la Religion ; où faudroit-il transporter nos incrédules pour les émouvoir ? Sur la cendre, s'il étoit possible, des anciens Sages du Paganisme, qui eux-mêmes alloient s'asseoir sur les tombeaux de leurs ayeux, afin d'y mieux régler & peser en présence de la mort, les délibérations importantes qu'ils devoient prendre (*a*). Mais ce moyen seroit-il encore assez efficace ? Non, la mort, par ces bouches étrangéres, ne leur imprimeroit pas une assez forte terreur ; il vaut mieux transporter nos incrédules à leur propre lit de mort ; c'est-là, que leurs raisonnemens s'évanouissent, ils en apperçoivent le néant, en cherchant vainement celui de leur être, la confiance leur manque, parce qu'elle n'a pas Dieu pour appui. Ha ! que la fausse Philosophie éprouveroit de desertions, si la foule des Disciples assistoit à la mort de ses Maîtres ; à ce moment où la

(*a*) C'est un trait bien précieux, rapporté par St. Clement d'Alexandrie, que les Payens alloient traiter leurs grandes affaires sur les tombeaux, pour se mettre ainsi un frein salutaire par la vûe du terme redoutable où il faloit enfin aboutir.

Terre s'écroule en quelque sorte & s'enfuit sous leurs pieds; où le Dieu terrible, dont l'immensité sembloit resserrée, offusquée par l'espace qu'occupoit ce fragile monde, se montre à leurs yeux dans toute la hauteur, la profondeur de son essence; à ce moment enfin où son bras les retirant de ce monde, les arrachant à la Terre, leur force, leur intrépidité s'évanouit; ainsi, sous la main de Dieu, se réalise véritablement ce que la Fable a dit de ce fameux Géant, dont les forces diminuoient à mesure que son vainqueur le levoit de terre. Oui, c'est à cet instant qu'on doit appliquer la maxime d'un Philosophe célébre de nos jours, dans le cœur duquel, la Religion *Catholique* semble s'être faite précéder par la sincérité qui regne dans ses écrits; *il est difficile qu'une éducation dont le cœur se mêle, reste perdue pour toûjours* (*a*). En vain se roidiroit-on contre le frémissement intérieur de la nature; *malgré nous-même*, dit le Prince des Orateurs sacrés, *la mort nous rap-*

(*a*) Discours sur l'origine de l'inégal. des condit. Epit. dédic. à la République de Genéve, p. xxxiv. in 12.

pelle toute l'Eternité qui la suit . . . . . penétré de cette pensée, continue le même Auteur, *il faut mourir ; on commence à juger bien plus sainement de toutes choses ; dégagé de mille illusions que la mort & l'Eternité dissipent, on voit plus clairement les obstacles qui traversent notre derniere fin* (a). *Je sçai au reste*, ajoûte-t-il, en s'adressant aux incrédules, *qu'autant qu'il est en vous vous chassez ce sentiment* (de désespoir au moment de la mort) *mais je sçais qu'il n'est pas toûjours en votre pouvoir de vous en défendre ; je sçais que cette réflexion se présente à vous, malgré vous, lors même que vous faites plus d'effort pour l'éloigner*, (Saint Jerôme tenoit ce même langage

(*a*) Bourdaloue. Discours des Cendres, sur la pensée de la mort.

Ajoûtons ici l'autorité des exemples : car la Religion aura toûjours droit de reclamer contre des systêmes, que l'incrédule, en se frappant lui-même d'anathême, désavoue, déteste & renie au moment de la mort, contre des systêmes qui ne peuvent soûtenir la vûe de l'Eternité.

M. de la Mettrie, » est mort avec le plus vif » regret d'avoir donné dans les extravagances du » Matérialisme : je tiens ce fait de celui qui a re» cueilli ses derniers soupirs à Berlin », dit le P. Hayer, Disc. prélim. de la *Spiritualité & l'immortalité de l'am*. Tom. I. p. xv. M. de Maupertuis, est mort à Bâle de la même maniere. Je pourrois bien citer d'autres exemples qu'on ne me contesteroit pas, mais que la prudence m'oblige de taire.

à un libertin de son siécle) *& à quoi serez-vous sensibles*, dit ailleurs l'Orateur Sacré, *si vous ne l'êtes pas au danger de la mort?* En effet, s'il est quelques ames barbares qui soient parvenues à ce période d'endurcissement, que de braver le passage du tems à l'Eternité, nous dirons comme la Bruyere a dit de ceux qui ne croyent pas de Dieu, *que cela prouve seulement, qu'il y a des monstres.*

Au reste, en traçant le tableau que nous offrons, nous n'avons pas crû travailler pour l'utilité de ceux qui sans cesse étourdis, enyvrés par leurs passions, abusés par l'élevation de leurs génies renvoyent à ce moment d'approfondir le sentiment qui les affectera. Il en est bien peu qui suppléent dans cet instant à ce qu'il eût fallu acquérir de mérites pendant la vie; *ce moment*, dit encore excellemment l'Orateur que nous avons cité, (& que ces paroles devroient être méditées!) *oui, ce moment n'est ni le tems des bonnes œuvres, ni le tems de la pénitence, & on ne peut néanmoins se sauver que par la pénitence & les bonnes œuvres* (*a*). C'est commen-

(*a*) Bourdaloue, sur la pensée de la mort.

cer trop tard à vouloir appartenir à Dieu, lorsque la dégradation que la mort a faite à son ouvrage, semble lui faire oublier qu'il est de lui; & qu'au milieu de ce débris d'ossemens & de cendres, il ne se trouve pas même une étincelle de vertu. Comme les opérations de la nature, celles de la grace sont lentes; elles doivent avoir été préparées de long-tems. Les yeux sont alors beaucoup trop foibles, pour pouvoir mesurer comme il faut toute la profondeur de l'Eternité. L'art sublime & difficile de mourir, n'est pas celui d'un jour, mais la science de toute la vie; & la plus longue, suffit à peine pour méditer toutes les suites de la mort. Aussi nous disoit-on il y a peu de tems, *être malade pour mourir, & mourir pour passer dans l'Eternité, sont des actions si grandes, que la vie entiere est encore trop courte pour s'y préparer* (*a*). Mais si les incrédules ne terminent pas ordinairement leur vie d'une maniere utile pour eux; que l'affreuse catastrophe de leur mort au milieu des cris impérieux d'une conscience qui les déchire, imprime & laisse à tout ce qui les entoure, un horrible

(*a*) Trevoux, Mars 1761. p. 752.

frémissement ! Tel un hideux & énorme monstre, s'étant élancé au milieu des vagues écumantes, se replonge, s'engloutit dans le noir abysme, en glaçant les pâles fronts des voyageurs. Il est vrai que les incrédules pleins de santé, accusent la foiblesse puérile de ceux qui meurent, & qu'ils attribuent leurs mouvemens de frayeur, aux préjugés, disent-ils, qui s'envolent alors autour d'eux ; mais disons-leur avec plus de justice, que ce ne sont pas les préjugés qui s'emparent d'eux, mais que ce sont les passions qui les fuyent. S'ils en croyent même un Philosophe qu'ils respectent, *jamais animal ne sçut ce que c'est que mourir* (a), donc ce n'est pas la dissolution du corps qui allarme & inquiete le mourant ; c'est par conséquent le doute accablant de sa destinée. Mais pourquoi nous livrer aux spéculations sur les mouvemens qu'il éprouve ? Interrogeons-le. (b) Dit-il que ce

(a) Rousseau. Origine de l'inég. des condit. p. 26. in 12.

(b) C'est sur-tout pour le moment de la mort, qu'on a droit d'en appeller à la sincérité des incrédules. Or, comment le spectacle que donnent dans cet instant leurs plus beaux génies, n'allarme-t-il pas leur raison & leur conscience ? Car, pourquoi avec cette même raison, que la plûpart montrent alors telle qu'ils l'ont toûjours eue, craignent-ils

sont les préjugés qui le tourmentent, ou bien que c'est la vûe d'un terrible avenir qui l'accable ? Ha ! sa réponse a déja confondu les incrédules, *& nous l'en devons croire*, comme disoit l'Illustre Bossuet, au sujet du grand Condé, *car dans l'état où il est, il ne doit plus rien au monde que la vérité* (a). En effet, avec les passions, les subtilités se sont évanouies. Et comment leur fragile lueur soûtiendroit-elle la forte lumiere & la présence de ces vérités terribles, qui semblent au moment de la mort, sortir & s'élever en foule du fonds des Enfers. Quelle ame assez exercée par le bron-

enfin, ce qu'ils n'avoient jamais apprehendé ? N'est-ce pas là, ce même flambeau qui avoit tant de fois dissipé ce préjugé prétendu ? Changent-ils donc d'ame, d'esprit, de faculté de raisonner en changeant de situation ? car nous ne voulons parler que des momens où il ont toute leur connoissance.

(a) Bossuet, Oraison funébre du Prince de Condé. Je citerai sur ce Prince une anecdote, qu'on se rappelle toûjours avec plaisir, quand on a l'amour de la Religion. Des flatteurs de sa Cour, s'efforçoient de lui insinuer dans le cœur, le poison de l'incrédulité : (car comment ces illustres fleaux supporteroient-ils la Religion, cette émanation de la vérité éternelle, dans des ames qu'ils inondent sans cesse par le mensonge ?) Mais ce Prince tint toûjours ferme contre leur séduction, & leur disoit souvent, vous avez beau faire, la dispersion des Juifs, sera continuellement une preuve invincible de notre Religion.

Ce ne seroit donc que la plus noire calomnie qui pourroit accréditer les soupçons injustes qu'on eût

ze, se verroit sans une affreuse émotion, suspendue de la sorte au milieu de deux Éternités, & contempleroit au haut des Cieux, le Très-Haut armé d'un glaive menaçant, pour lui en fermer l'entrée.... Oui, c'est à ce spectacle qu'il est utile de ramener les incrédules, parce que c'est ici qu'ils seront éternellement confondus. Nous ne craindrons pas même de prononcer, qu'on profiteroit plus à leur mort, qu'à celle d'un Saint; & que c'est une bien consolante & digne Religion, que celle dans les bras de laquelle, tous les hommes veulent attendre la mort. Aussi, l'objet de cet ouvrage, est de montrer que le plus ferme Philosophe, au milieu de ses blasphêmes, étendu au lit de la mort, offre alors la plus étrange vicissitude de fausse confiance & de terreur, laisse voir le trouble le plus désolant, la contradiction la plus manifeste, le déchaînement le plus horrible, les plus violens mouvemens.

sur sa foi : car au lit de la mort, moment terrible où on ne permet plus qu'on soit trompé, & où il faut bien enfin, que les flatteurs laissent aborder la vérité, puisque la mort la traîne avec elle; le Prince déclara, pour détruire ce bruit, *qu'il n'avoit jamais douté des mystéres de la Religion, quoi qu'on eût dit.* Bossuet. Orais. fun. de Condé.

LE RITUEL

LE RITUEL DES *ESPRITS-FORTS*, OU LE TABLEAU DES *INCRÉDULES MODERNES* AU LIT DE LA MORT.

DIALOGUE PREMIER.

Ipſe repertorem Medicinæ talis & artis
Fulmine prœbigenam ſtigias detrudet ad undas.
Virg. Æne. Libr. 7.

Un PHILOSOPHE *Malade*, *& ſon* MEDECIN.

LE MEDECIN.

BON jour mon cher malade; comment avez vous paſſé la nuit?

LE PHILOSOPHE.

Hélas! Monſieur, on ne peut pas plus mal; je ſens que mon

A

corps s'affoiblit de plus en plus, & je prévois que dans très-peu de jours j'irai repoſer dans le tombeau.

LE MEDECIN.

L'Univers a pourtant bien beſoin encore de vos leçons. D'ailleurs, vous ſçavez qu'il y a dans *l'énergie de la nature* des reſſources que vous ne connoiſſez pas; peut être vous allarmez-vous mal-à-propos; tendez-moi le bras que je vous tâte le pouls.

LE PHILOSOPHE.

Voyez & parlez-moi ſincérement, depuis que j'ai l'âge d'une meure raiſon j'ai toujours vécu ſans craindre la mort. L'Auteur de l'Hiſtoire Naturelle, nous la peint ſous les plus belles couleurs, & je la vois approcher ſans frayeur.

LE MEDECIN.

Bon, voilà de dignes ſentimens, c'eſt parler en vrai Philoſophe; c'eſt-à-dire en homme ſenſé. Laiſſons le vulgaire des hommes ſe gâter l'imagination des idées d'un frivole avenir (*a*),

---

(*a*) Une des plus grandes ſollicitudes de l'Egliſe, fut toûjours de s'aſſurer, non-ſeu-

ainsi cher Athlete de la Philosophie, je vais vous parler sincérement, votre mal est sans remède, & vous avez tout au plus pour quinze jours de vie.

LE PHILOSOPHE.

Est-ce bien vrai mon cher Medecin? Ha! que je réveille les forces de mon ame au défaut de celles du corps; la mort n'est après tout que ma fin, oui

---

lement de la foi des Medecins, mais encore de leur zéle pour le salut des malades qu'ils visitoient. Au Concile de Tortose en Espagne heureuse époque de la fin du Schisme d'Occident (où présida le Cardinal de Foix) (ann. 1429.) il fut ordonné que les Medecins ne rendroient pas trois visites de suite aux malades qui ne se seroient pas confessés. Innocent III. Pie V. renouvellerent cette défense du Concile de Tortose. Le second Concile de Milan, renouvella la défense de Pie V. Un Concile de Paris, dit par quelques-uns Concile de Sens, parce qu'il fut composé des Evêques de cette Province, & que Nauton Archevêque de Sens,

je l'ai dit souvent, & l'ai lû mille fois dans nos illustres Philosophes; mais.....

---

y présida, ordonna dans son vingt-neuviéme Réglement, aux Medecins d'exhorter les malades qui sont en danger, à confesser leurs pechés, avant que de donner à ces malades les remédes corporels; & il leur commande même de leur refuser leurs secours, s'ils ne se rendent pas à leurs avis. Aussi Grégoire XIII. en 1581, marchant sur les traces des Conciles & des Papes ses prédecesseurs, & en particulier de Paul IV. & Pie V. défendit par une Bulle aux Chrétiens malades, d'appeller des Medecins Juifs ou Infidéles, par la raison, disoit ce laborieux & débonnaire Pontife, qu'ils ne s'acquitteroient pas de l'obligation imposée par les Papes & par les Conciles à tous les Medecins, de ne point rendre une troisiéme visite à un malade, à moins qu'il n'ait été confessé. Voy. Fleury Tom. 21. p. 600. & Tom. 35. p. 539. & autres endroits. L'Eglise Métropolitaine de Chypre ann. 1313. Dans les Constitutions art. 12. avoit pareillement défendu aux Fidéles d'appeller des Medecins Sarrazins, Juifs ou Infidéles, Collect. des Conciles d'Hardouin. Tom. 7. p. 1743.

LE MEDECIN.

Mais ſans doute vous voulez diſpoſer de vos biens en faveur de votre frere, votre déſir eſt louable, je vais le faire appeller.

LE PHILOSOPHE

Ce n'eſt pas ce que je veux vous dire, je me ſuis choiſi depuis long-tems un héritier, & la façon de penſer de mon frere ne quadrant pas avec la mienne, j'ai donné mon bien à un Etranger Philoſophe de mes amis ; mais. . . . .

LE MEDECIN.

Je pénétre votre penſée, vous voudriez récompenſer le Domeſtique, qui depuis long-tems eſt attaché à votre ſervice.

LE PHILOSOPHE.

L'objet qui m'occupe eſt bien différent de tout ce que vous penſez, c'eſt l'arrêt que vous, au nom de la mort, venez de prononcer contre moi : il me ſemble depuis ce moment entrevoir une autre vie, & j'ai très-mal vécu dans celle-ci.

LE MEDECIN.

Bon, allez vous faire l'enfant, la tête n'y eſt donc plus ?

LE PHILOSOPHE.

Au contraire, je n'ai qu'elle de libre,

& le tourment qu'elle me cause est au-dessus de tous les maux..... Grand Dieu, que vai-je devenir!

LE MEDECIN.

Vous voilà donc au plus haut dégré du délire, & bien-tôt je recevrai votre dernier soupir? Comment ame timide après avoir si bien commencé, vous finiriés si mal; Dieu s'embarrasse-t-il que vous songiez à lui?

LE PHILOSOPHE.

Et s'il songeoit à moi?

LE MEDECIN.

Fausses terreurs. Rappellez-vous les grands principes: & quoi la distance qu'a mis ce Dieu du Ciel à la terre, ne suffit-elle donc pas pour borner les regards ambitieux des hommes; laissons lui son empire, il est un Dieu jaloux, songez que le néant est le commun abîme des mortels; mais au reste j'excuse vos foiblesses, je vois bien que l'esprit n'y est plus

LE PHILOSOPHE.

Ha! Mon cher Medecin, c'est m'effrayer d'avantage que de me disputer à ce moment l'usage de ma raison je sens que je ne l'ai jamais eue plus dégagée & par conséquent c'est d'elle que naissent toutes mes appréhensions. Si je faisois appeller M. le Curé ?

LE MEDECIN.

O quelle puérilité ! qu'elle affreuse inconséquence ! Certes, mon cher ami, notre art ne s'étend pas au-de-là de la santé du corps, & je crains qu'on ne puisse guérir votre imagination ; personne ne l'eût jamais plus folle : voulez-vous donc empêcher par une lâcheté dans ce dernier moment que votre portrait ne soit après votre mort, parmi ceux des Illustres Philosophes, & osez-vous l'arracher ainsi au sort qui l'attend ?

LE PHILOSOPHE.

Le sort de mon portrait cher ami, sera dans les seules mains des hommes, j'appréhende que celui de mon ame ne soit dans les mains d'un Dieu vengeur. O immense éternité que tu blesses mes yeux ! . . . Et M. le Curé ?

LE MEDECIN.

Encore M. le Curé vous occupe ? Parlez-vous sincérement, & seroit-ce d'un funéraire corbeau que vous voudriez prendre des augures pour l'autre vie ? Je vois bien qu'il faut vous laisser reposer, je vais continuer le cours de mes visites, ou graces à la Philosophie de nos jours, & pour votre honte, je trouve d'autres exemples de fermeté. A Dieu mon cher ami. Ha ! j'apperçois qu'on monte chez vous : c'est M. votre Frere lui même, vous ne serez pas fâché d'être seul avec lui.

DIALOGUE SECOND.

Absumet hæres. ... dignior Servata. *hor. liv.* 2. *Od.* 11.

Le PHILOSOPHE *malade, son* FRERE.

LE FRERE.

JE viens sçavoir mon frere dans quel état vous vous trouvez aujourd'hui.

LE PHILOSOPHE.

Toujours M. de plus mal en plus mal, je quitterai bien-tôt l'humanité.

LE FRERE.

L'air froid qui paroît sur votre visage m'annonce que vous perséverez toujours à me priver de vos biens, cependant vous n'avez pas de parent plus proche que moi ; oubliez vous que je suis votre frere ?

LE PHIL.

Oui vous l'êtes, car tous les hommes le sont.

LE FRERE.

Mais je le suis sans doute d'une façon bien plus particuliere , nous sortons tous les deux d'un même sang.

LE PHIL.

Et tout les hommes n'ont-ils pas une tige commune, dont les branches s'écartent seulement plus ou moins? & d'ailleurs qu'elle liaison de la partie du sang qui vous a formé , à celui qui va bien-tôt quitter mes veines?

LE FRERE.

Mais vous savez mon Frere que je n'ai pas de quoi soutenir mon état.

LE PHIL.

Voyez les animaux des Forêts , ont ils des états qui les distinguent? Pourquoi les hommes en ont-ils.

LE FRERE.

Mais il faut au moins que je vive , & qui me nourrira ?

LE PHIL.

La Terre , mere commune des mortels.

LE FRERE.

Vous sçavez qu'elle est toute partagée par Pays , dont chaque portion réclame un possesseur.

LE PHIL.

La nature vous a mis d'un rang au-dessus des animaux, ainsi prenez pour vous les prémices des glands, & bûvez au-dessus des troupeaux l'eau pure des fontaines.

LE FRERE.

Mais on me traitera de fou.

LE PHIL.

Les fous des petites Maisons se traitent de même, & à quelques nuances près, les uns & les autres ont raison.

LE FRERE.

Ce seroit ajouter à ma premiere folie, que de taxer tous les hommes d'insensés.

LE PHIL.

Ecoutez mon frere, & gravez aux carrefours des Villes, ces paroles qu'on a même déja dites avant moi : que ce qui distingue la folie de quelques-uns de celle du commun des hommes, est qu'il a plu à ceux-ci d'appeller la leur du nom de *raison*, & toutes les Villes du monde ne sont qu'un assemblage de Palais & de cabanes d'insensés.

LE FRERE.

Pourquoi donc des entraves & des

chaines dans les maisons de force?

LE PHIL.

C'est que les foux ne s'aiment point, & les plus forts ont fait la loi.

LE FRERE.

Vous voulez donc passer pour tel, en privant un frere de vos biens?

LE PHIL.

Les flots de la mer ébranlent-ils les rochers qui la dominent? La génération qui lie les Philosophes, est au-dessus de celle du sang, un de ces hommes aura mes biens.

LE FRERE.

Mais quoi je n'aurai rien de votre héritage?

LE PHIL.

Mon cœur ému de vos instances vous devient plus propice, je vous laisserai ce que j'ai de plus précieux.

LE FRERE.

Graces immortelles au Dieu qui cause en vous ce rapide changement! Mon frere que me laisserez-vous?

LE PHIL.

Le Livre de l'*Esprit* & l'*Encyclopédie*, tous les biens vous viendront avec eux.

LE FRERE.

Je sçais bien que ces Ouvrages se

vendent cher, mais enfin à peine vivrai-je un an avec l'argent que j'en retirerai.

LE PHIL.

O génie vulgaire ! Quoi vous vendriez ces deux ouvrages ? quel vol à vos petits enfans ! Epargnez-vous ce deshonneur, en conservant soigneusement ces livres d'or, & si la Terre en perdoit jamais le souvenir, vos arrières enfans en seront les Solons ; j'exige même que dans quelques années vous en fassiez paroître une nouvelle édition pour concourir à donner enfin des Sages à l'Univers.

LE FRERE.

Mais les dépenses seroient immenses & passeroient mes revenus.

LE PHIL.

L'humanité vous en remboursera les frais.

LE FRERE.

Je vois mon frere qu'après tant de magnifiques paroles je n'hériterai de rien.

LE PHIL.

De ma raison si vous sçavez l'apprétier.

LE FRERE.

Je sçaurai me passer des biens que

me refuse votre insensibilité, mais vous emporterez mon cœur, c'est ma seule vengeance.

LE PHIL.

A Dieu mon frere, buvez à longs traits des saines eaux de la Philosophie du siécle, & vous vivrez heureux dans une grande abondance de sagesse.

DIALOGUE III.

Dixere
. . . peduces armenta, viros, genus omne ferarum
Quemque sibi tenues nascentem arcessere Vitas.
Virg. Georg. lib. 4.

Le PHILOSOPHE malade, un GARÇON APOTICAIRE.

LE GARÇON APOTICAIRE.

Mr; J'ai l'honneur de vous faire mes très-humbles civilités.

LE MALADE,

Bon jour mon ami, que m'apportez vous dans cette bouteille?

LE GARÇON APOT.

Un bouillon de cloportes, où sont aussi broyées quelques vipères.

LE MALADE.

Du bouillon de cloportes & de vipère ? Malheureux, quoi vous détruisez des branches de l'animalité, pour en faire vivre une autre, qui ne vaut guères mieux. Vous confessez-vous de ces meurtres à l'Etre suprême ?

LE GARÇON APOT.

J'ai M. des Confesseurs plus à portées auxquels je n'accuse pas ces crimes prétendus.

LE MAL.

Vous ne sçavez donc pas que la différence de vous à des Cloportes, n'est que dans l'organisation & la terminaison des membres.

LE GARÇON APOT.

Franchement M. ma science ne va pas plus loin que l'ordonnance d'un Médecin, & si vous ne prenez pas tout de suite votre bouillon, il ne vaudra plus rien. Certes, vous voilà bien scrupuleux de ne pas vouloir avaler des cloportes, est-ce d'aujourd'hui que les grands mangent les petits ?

LE MAL.

Jeune homme vous êtes malin sans être instruit, encore un coup je ne sçaurois me résoudre à me nourrir de mes semblables, je vois par une claire conséquence que l'auteur de l'Esprit me le défend.

LE GARÇON AP.

L'Auteur de l'Esprit, dira Monsieur ce qu'il voudra ; mais Hypocrate dit le contraire, & mon Patron vaut bien le vôtre.

LE MALADE.

Avez-vous lû ce livre pour parler de la sorte.

LE GARÇON AP.

Je m'en garderois bien : on dit qu'il fait les hommes des machines, ôte l'esprit à tout le monde ; nous avons à la boutique une plante qui le rend. Falloit-il bien faire un livre pour dire de pareilles chansons ? Mais il s'agit d'un bouillon à prendre.

LE MALADE.

Vous voulez faire le petit érudit, & vous ignorez jusqu'au catéchisme des connoissances humaines.

LE GARÇON AP.

Comment, Monsieur, je ne sçais pas mon catéchisme ? Demandez plutôt au Prêtre, j'ai été pendant trois ans premier de banc à S. Sulpice.

LE MALADE.

Ces gens-là vous apprennent des fables ; je vous dis seulement que dès que vous n'avez pas lû le livre de l'ESPRIT, ni n'êtes en état de le lire vous ne serez jamais qu'un Apoticaire très-ordinaire.

LE GARÇON AP.

Quoi, Monsieur, vous pensez ainsi sur les Prêtres, & me parlez encore de votre livre de l'ESPRIT? Je suis persuadé que vous le croyez fort mauvais, puisque M. l'Archevêque, les Docteurs de la Sorbonne & le Parlement l'ont condamné.

LE MALADE.

C'est la preuve précisément de sa bonté; le partage de la vérité est d'être persécutée. Quoi donc, les préjugés ne sont-ils pas les tyrans de l'univers? C'est mon cher enfant la précieuse poignée des Philosophes, ces vrais Maîtres du monde, qu'il faut écouter, & non pas l'Univers qui n'en est que le disciple.

LE GARÇON AP.

Certes, Monsieur, j'aime mieux m'exposer à me perdre avec tout ce monde que d'attendre à me sauver avec le petit nombre de vos sçavans, dont la doctrine est trop sublime pour que je la puisse entendre & pratiquer.

LE MALADE.

Vous devez les écouter comme des Oracles, ne consacrent-ils pas dans des ouvrages publics tout ce qu'ils disent, & leurs écrits ne dominent-ils pas sur les quais ?

LE GARÇON AP.

Oui, Monsieur, mais imprimez presque toujours sans permission ; & certes je suis entré à la Sorbonne un jour de sainte Barbe, où j'ai vû une quantité prodigieuse de livres, & le Prêtre m'a dit qu'ils avoient été presque tous écrits en faveur de ma religion. Je me rappelle aussi avoir entendu dire à notre Bourgeois qui est fort consideré dans le quartier, que la plûpart de vos Messieurs qui composoient de si mauvais ouvrages, le faisoient pour avoir de quoi vivre.

LE MALADE.

Vous n'êtes qu'un sot, & votre Maître vous ressemble, si les Philosophes qui composent se font compter de l'argent par leurs Libraires, apprenez que c'est pour retirer autant qu'ils peuvent des mains des hommes l'argent qui a corrompu le genre humain.

LE GARÇON AP.

Pour moi je ne sçaurois me laisser convertir aux sermons des Philosophes, car j'aime bien à avoir de l'argent le

Dimanche pour aller me divertir avec une troupe d'amis.

LE MALADE.

A quoi vous amusez-vous ?

LE GARÇON AP.

A prendre des oiseaux au lacet, ensuite nous goûtons.

LE MALADE.

Vous êtes donc l'implacable tyran de la nation des animaux, ne vous ai-je pas déja dit qu'ils étoient vos semblables & les miens ?

LE GARÇON AP.

Je vous rends, Monsieur, plus de justice, & vous fais plus d'honneur ; mais il faut que je m'en retourne au logis si je veux ne pas être grondé.

LE MALADE.

Et quel âge avez-vous ?

LE GARÇON AP.

Monsieur, dix-huit ans.

LE MALADE.

Vous ne sçavez donc pas que depuis six ans vous ne dépendez de personne.

LE GARÇON AP.

Eh, Monsieur, que me dites-vous là ! cependant mon Confesseur me gronde bien quand je lui dis que j'ai manqué à certains devoirs vis-à-vis de mon Bourgeois.

LE MALADE.

O aimable candeur!... Mais pourquoi croire votre Confesseur?

LE GARÇON AP.

Parce qu'il me le dit pour mon bien, que c'est un saint Prêtre dont tout le monde parle avec éloge, & qu'il est infatigable pour mon instruction, sans en retirer le moindre profit ni de moi ni des miens.

LE MALADE.

C'est surement un ignorant que ce Confesseur, croyez qu'il vous abuse.

LE GARÇON AP.

Ne dites pas cela, Monsieur, il est regardé comme très-habile dans la Sorbonne, & son domestique à qui j'allai porter il y a peu de jours une médecine, me dit: *Tu ne sçais pas Fleurant? Par la sanguié on a choisi notre Maître pour censuer un gros livre, j'y ai bouté le nez dessus l'autre jour en faisant la chambre; & il commence tout grosses lettres de l'ESPRIT; par masine ils ne pouvoient mieux rencontrer que mon Maître; car il a bien de l'esprit lui-même, & comme tu sais Fleurant, marchand d'oignons se connoît en ciboules.*

Vous voyez donc, Monsieur, que

mon Confeſſeur, n'eſt pas un ignorant comme vous dites. Mais encore un coup, je vais laiſſer le bouillon ſur la table pour m'en retourner bien vîte, vous ne porteriez pas pour moi les coups de bâton.

LE MALADE.

Des coups de bâton ? Mais vous avez dix-huit ans, vous êtes donc moins fort que votre Maître ?

LE GARÇON AP.

Non certes, & s'il ne s'agiſſoit que d'être le plus fort, je le ſuis bien deux fois plus que lui.

LE MALADE.

Préciſément il faut le battre deux fois plus. Quel droit a t-il de vous traiter ainſi ?

LE GARÇON AP.

Celui que mon pere lui a donné ſur moi, & mon pere lui-même, me châtieroit rudement s'il ſçavoit que je manquaſſe à mon devoir.

LE MALADE.

Hélas! pourquoi la Philoſophie n'a-t-elle pas ſon catéchiſme ? Mon enfant vous êtes d'un âge ou la raiſon ſeule doit vous ſervir de guide & de flambeau. Les droits de pere & de mere ſur vous ne ſont plus que des chimeres : tâchez de leur enlever la partie du bien qui vous revient, & courez être l'habitant libre du monde.

LE GARÇON AP.

Ah! Monſieur, que d'horribles blaſphêmes j'ai entendus chez vous, je m'enfuis ſans plus vous écouter, & d'orénavant quand il faudra vous porter des remédes je ferai venir un ſourd qui ſert à la boutique, il n'aura pas à craindre votre ſéduction. Monſieur, votre valet.

LE MALADE.

O ciel! ſon ignorance fait ſa tranquillité, mon ſçavoir fait mon martyre.

DIALOGUE IV.

Nunquid poteſt obliviſci infantem ſuum.

LE PHILOSOPHE malade. M. le CURÉ.

M. LE CURÉ.

J'Ai appris, Monſieur, que vous étiez malade, & je m'empreſſe de venir vous en témoigner ma ſenſibilité.

LE MALADE.

Je ſuis pénétré, Monſieur de la plus vive reconnoiſſance, & rien ne me ſemble honorer davantage l'humanité que de voir des étrangers s'intéreſſer à nos maux; mais pourrois-je vous demander, Monſieur, qui vous êtes?

LE CURÉ.

Quoi, Monſieur, vous ne me connoiſſez pas? Je ſçais pourtant que depuis plus de vingt ans vous habitez ce quartier.

LE MALADE.

Vous ſçavez, Monſieur, qu'à Paris, même tous les Locataires d'une maiſon ne ſe connoiſſent pas; ainſi vous ne devez point être ſurpris que j'ignore qui vous êtes. D'ailleurs je ne me ſuis pas apperçu que nous demeuraſſions ſous le même toît, il ne loge ici qu'un ſeul Abbé qui n'eſt ſûrement pas vous, Monſieur; car il ne porte jamais la ſoutanne, & a plus d'art dans ſes cheveux.

LE CURÉ.

Mais pourrois-je bien me perſuader, Monſieur, que je vous ſois inconnu?

LE MALADE.

C'eſt comme j'ai l'honneur de vous

le dire : cependant il me semble vous avoir vû passer quelquefois dans cette ruë.

LE CURÉ.

Seroit-ce là seulement que vous m'auriez apperçu, & n'êtes vous jamais entré à la Paroisse ?

LE MALADE.

A peine en ai-je quelque souvenir, & s'il faut vous en faire l'aveu depuis vingt-cinq ans que j'y fis ma premiere Communion par la volonté de mes parens, je n'y suis entré qu'une fois par hazard, & entraîné par une troupe de camarades avec lesquels j'y réglai ma montre sur un méridien qui la traverse dans le milieu ; ainsi Monsieur, si vous étiez vous même un des membres de cette Eglise, & que vous vinssiez pour quelque fonction de votre ministere, vous voyez que vos démarches sont assez inutiles.

LE CURÉ.

Je ne suis plus étonné, Monsieur, de n'être pas connu de vous, je suis pourtant votre Curé, & vois avec douleur que votre conscience est un abîme bien profond ; mais le sein de Dieu l'est davantage, & il y reçoit avec amour ses enfans qui retournent à lui.

LE MALADE.

Allez-vous donc, Monsieur, me fatiguer? Mon Médecin m'a dit de prendre du repos, & vous me feriez plaisir de me laisser.

LE CURÉ.

Le pourrois-je sans manquer à mon devoir?

LE MALADE.

Je vous en dispense, ainsi la faute n'en retombera point sur vous.

LE CURÉ.

Mais ne voyez-vous pas que la mort est sur vos lévres, & que dans très-peu de jours vous irez paroître devant Dieu.

LE MALADE.

Ha de grace, Monsieur, ne me rappellez pas que ma mort approche, le Médécin me l'a déja dit... O Dieu, que vais-je devenir!

LE CURÉ.

L'héritier de son Royaume éternel, si vous voulez profiter des Sacremens de son Eglise.

LE MADADE.

Eglise & Sacremens me sont des objets étrangers & auxquels je ne crois pas. Vous devriez me laisser, j'ai vécu en Philisophe, je n'ambitionne pas de mourir en Chrétien.

LE CURÉ.

Faut-il Grand Dieu ! que sur tout de nos jours, une marâtre Philosophie, arrache de votre tendre sein un si grand nombre d'enfans. Et vous, Monsieur, avez-vous jamais bien approfondi la Religion qui fait l'objet de vos blasphêmes ? Sçavez-vous où vous allez être précipité ?

LE MALADE.

Voudriez-vous me dire, Monsieur, où j'étois avant ma naissance ?

LE CURÉ.

Dans le néant, sans doute; mais où l'amour a conduit le bras du Tout-Puissant pour vous en arracher, & vous offrir un bonheur éternel.

LE MALADE.

Je suis sorti, dites-vous, du néant? Hé bien j'y retourne.

LE CURÉ.

Et sur quoi porte, Monsieur, un si frivole raisonnement ? Par où sont donc liés ces deux principes ? Hé quoi, parce qu'on est sorti du néant, sort commun de tout être créé, s'ensuit-il qu'on doive y retourner ? Au contraire, pourquoi voudriez-vous qu'un être qui jouit de l'existance fut anéanti, à moins que Dieu n'en portât le décret, ce qui n'est pas, & voyons-nous enfin dans le monde s'anéantir le moindre atôme ?

LE MALADE.

C'est précisément en atômes que mon ame va se résoudre.

LE CURÉ.

Je vois, Monsieur, que vous avez donné dans tous les écarts de la détestable Philosophie de notre siécle. Votre ame n'est dites-vous que matiere ? Mais à présent que votre raison n'est plus enveloppée de l'épais nuage des plaisirs qui vous fuïent, oseriez-vous bien m'assurer qu'en vous la substance qui pense n'est qu'un tout composé, vos prétendus Philosophes répondent-ils aux preuves dont on se sert communément pour établir cette invincible vérité. Le trop célébre Bayle, un de vos Chefs, n'a-t-il pas fait sentir l'absurdité du matérialisme par sa comparaison lumineuse d'un globe géographique qui penseroit, & croyez-vous étouffer vos allarmes en me répondant je je suis (a) *un corps, & je pense, je n'en sçais pas davantage.* Ce que vous affectez Monsieur d'ignorer, la Religion Chrétienne vous l'apprend.

LE MALADE.

Ha Monsieur, que vous me tourmentez!... O ciel, quel sort sera le mien!.. La Religion prétendue-Chrétienne, Messieurs, est votre ouvrage; laissez-moi reposer.

LE CURÉ.

Votre ame, Monsieur, m'est plus précieuse, que votre orgueil ne vous est cher, & puisque votre mal est sans ressource, il faut que mes vives instances soyent sans interruption. Quoi, la Religion Chrétienne n'est à vos yeux qu'une chimere? Une Religion que des Prophêtes avoient prédite plusieurs siécles avant son établissement, une Religion qu'une foule de miracles a établie, & que le sang de milliers de Martyrs a portée jusqu'à vous, pour vous offrir une couronne immortelle.

LE MALADE.

Vous me rendriez service, Monsieur, si vous vouliez adopter pour mes ré-

(a) Dix-septiéme Lettre Philosophique.

ponſes tout ce qu'on a mis au jour dans les Livres de l'EPRIT, de l'*ENCYCLOPÉDIE*, les *Lettres Perſannes*, *Juives*, *Philoſophiques*, & tant d'autres Ouvrages d'or. . .Quel pas que la mort! Quel calice amer que la fureur d'un Dieu ! . . . Quel miroir que ma vie ! Quel poignard que mes remords . . . Quel tableau que l'Eternité ! Philoſophes mes Maîtres venez donc à mon ſecours.

LE CURÉ.

Dieu ſe venge, Monſieur, par vos remords qui comme autant de ſerpens irrités vous déchirent cruellement le cœur. Leurs affreux ſiflemens ſemblent pourtant vous laiſſer inſenſible ; vous appellez les Philoſophes à votre ſecours, ſçauroient-ils être votre appui au tribunal d'un Dieu vengeur ? Le courage auquel ils pourroient vous animer dans le moment, prouveroit-il la vérité de leurs principes ténébreux ? & croyez-vous, Monſieur, que l'ardeur qu'inſpire un Général à ſes Soldats, annonce toujours comme légitime la cauſe pour laquelle il eſt armé ?

LE MALADE.

Quoi, Mr, voulez-vous m'achever

par l'insupportable ennui de vos discours ?.. Oui, Philosophes il est un Enfer ! c'est le dernier moment de la vie où des Prêtres obstinés s'emparent de nous, & nous déchirent à coups lentement réïterés de leur glaive mystique.

LE CURÉ.

Si vous n'arrêtez, Monsieur, par un prompt & sincere repentir celui que Dieu tient levé sur votre tête altiere, un supplice éternel vous est decerné suivant les divines Ecritures.

LE MALADE.

O implacable ennemi de mon repos !... Edifice témoin de mes violentes douleurs, écroulez-vous sur moi ! Feux actifs qui tourmentez vainement le sein de la terre, exhalez plutôt vos flammes dévorantes contre moi !... Vos Ecritures, Monsieur, prétendues divines ne sont que votre ouvrage.

LE CURÉ.

Des imprécations, Monsieur, ne sçauroient être des preuves de votre impie Philosophie, mais au contraire l'annoncent comme la route au désespoir. Quoi nos Livres Sacrés dites-vous sont l'ouvrage des hommes, des ouvrages ſuppoſés ? Mais ſans vous preſſer par les preuves de la Religion, daignez en écouter d'un autre genre & me répondre ſur l'article de vos biens temporels. De quel droit diſpoſez-vous des fonds de terre que vous allez quitter ?

LE MALADE.

Par la raiſon qu'ils m'appartiennent.

LE CURÉ.

Comment le prouvez-vous ?

LE MALADE.

Par des actes autentiques conſervez de tems immémorial dans ma famille.

LE CURÉ.

Je vous diſpute, Monſieur, la vérité de ces titres, puiſque vous me diſputez ceux de ma Religion, & vos biens ſont des biens uſurpés.

LE MALADE.

Six témoins ſignés, ſur l'original que j'ai lu, conſtatent l'acquiſition de la terre que je tranſmets par teſtament.

LE CURÉ.

Des milliers de témoins, à la naiſſance du Chriſtianiſme, ont ſcellé, Monſieur, chacun à leur maniere, l'autenticité des Livres Saints ; & les Archives de toutes les Egliſes les ont tranſmis juſqu'à nous.

LE MALADE.

Le peuple toujours ressemblant à lui-même, s'est laissé séduire; le Philosophe dans tous les âges instruira l'Univers.. O mort hâte tes pas!..O vérité, pourquoi dans ce moment soulever un voile qui t'avoit entiérement dérobée à mes yeux pendant le cours tumultueux de mes jours. De grace, Monsieur, laissez-moi.

LE CURÉ.

Je me retire, Mr: car c'est frapper des coups en vain que de vouloir amollir le bronze, je vois trop clairement que Dieu se venge; vous l'avez insulté pendant la vie, il vous insulte à la mort... Mais ô Dieu Tout-puissant! laisserai-je perdre une ame teinte du sang de votre Fils? Non, Monsieur, la Religion n'a plus de traits à me fournir, puisque vous ne daignez pas en entendre la voix; mais au moins, vous qui me vantez si fort vos Philosophes, serez-vous peut-être frappé de la pensée d'un Philosophe ancien, qui, envisageant le terme de la mort où vous touchez, se disoit à lui-même: *Dubius vixii incertus morior, quo vadam nescio:*

Ens entium miserere mei (*a*). Je vous laisse, Monsieur, & viendrai bientôt vous revoir, dans l'espérance de vous trouver mieux disposé.

LE MALADE.

Avant de me quitter, Monsieur, voudriez-vous bien me répéter ce trait?

LE CURÉ.

Oui, Monsieur, avec plaisir, plût au Ciel qu'il vous touchât! Dieu, nous dit la Religion, se sert de tout pour ramener à lui. Ce Philosophe se disoit donc: » J'ai vécu doutant de tout, je » meurs incertain de mon sort; j'ignore » où je vais aboutir : Etre des Etres » ayez pitié de moi.

LE MALADE.

Ah Monsieur, que ce passage est beau! il rappelle mon esprit de l'assoupissement... O Ciel qu'il est diffi-

---

(*a*) SOCRATE.

J'ai appris d'un des Prêtres de la Communauté de S. *** à Paris, que ces paroles venues heureusement dans la pensée d'un de leurs Mrs qui exhortoit en vain, & depuis longtems un Philosophe mourant, avoient si fort frappé le malade, qu'elles préparerent sa conversion, & qu'il mourut enfin dans des sentimens d'un amer & sincere repentir.

cile de mourir quand on a vécu sans Religion !

LE CURÉ.

Profitez, Monsieur, du moment où Dieu vous touche ; il vous rappelle par la même voie qui vous avoit égaré. Pesez bien tous sens du trait que je vous cite. *Dubius vixi*, j'ai vécu dans le doute de l'existence d'un Dieu qui parloit à mes yeux par le Soleil & les astres qu'un bras de chair ne soutient pas ; à mes oreilles par son tonnerre menaçant ; à ma bouche par les fruits qu'il confioit à la terre pour moi ; à tous mes sens réunis par l'harmonie de mon corps ; à mon cœur par tant de traits d'amour qui l'ont fait veiller à la conservation de ma vie : j'ai douté, & c'est ici Monsieur que vous êtes plus coupable que ce Payen ; j'ai douté d'une Religion qu'un Dieu fait Homme avoit daigné apporter lui-même des Cieux ; qu'une chaîne sacrée de tradition avoit transmise jusqu'à moi. Mais ajoûtez *incertus morior*, je meurs incertain des circonstances qui accompagneront les derniers instans de ma vie ; incertain d'un pardon, que loin de mériter j'implore encore foiblement ; incertain d'une grace victorieuse, qui communément ne couronne que des travaux longtems soutenus. Mais pénétrez encore plus avant; *quo vadam nescio*, j'ignore à quel terme j'aboutis: il n'en est que deux définitifs, ou le Ciel ou l'Enfer; & plus je me suis frayé jusqu'à ce moment la voie d'une licentieuse incrédulité, & plus le Ciel s'est éloigné de moi. Mais attachez-vous sur-tout à ces dernieres paroles du texte, & devenez ici Chrétien: *Ens entium, miserere mei*; Etre des êtres, ayez pitié de moi; qu'il s'éleve de mon cœur autant de croix que le crime y a fait de profondes blessures. Frappez d'une verge puissante sur ce rocher, qu'il en sorte des eaux pour me fournir des larmes, noyer mes désordres, éteindre votre tonnerre vengeur; que des remords par milliers de légions me suscitent une guerre salutaire & cruelle; que changés en ministres courroucés de vos fureurs, armés de torches, de crochets & de fouets, ils gravent profondément en moi que vous êtes vengé; que vomissant de leur sein des flammes qu'ils auront puisées dans le fond de l'abîme, ils forment de mon corps l'enceinte brûlante d'un Enfer où toutes mes passions se consument, ma chair se purifie, mon entendement s'éclaire : que mon cœur seul soit épargné des flammes, pour pouvoir gémir & vous aimer.

Tels sont les sentimens, Monsieur, qui doivent occuper votre ame, à la vûe du péril dont vous êtes menacé.

LE MALADE.

Que d'élevation dans ces paroles, de profondeur dans les sens qui y sont renfermés ! Philosophes, gravez-les sur le bronze en lettres d'or à l'entrée de vos Licées. Mais en vain tenteriez-vous, Monsieur, de débrou iller ma conscience; pour percer dans un abîme ne faut-il pas le bras d'un Dieu ?

LE CURÉ,

Des bras mortels y suffisent, quand le Tout-Puissant les y conduit, & si vous unissez, Monsieur, à une amere douleur la crainte filiale, vous devez tout attendre d'un Dieu auquel le nom de Pere est le plus cher. Le premier pas que vous devez faire vers lui est de vous disposer à une Confession exacte de vos péchés.

LE MALADE.

O quel vicieux & profond Océan que mon ame! Mais grand Dieu, puis-je résister plus longtems au puissant aiguillon dont vous percez mon cœur. Monsieur, je vais me disposer à la Confession que vous exigez de moi.

LE CURÉ.

Votre mort, Monsieur, n'étant pas encore si prochaine que vous l'apprehendiez, ce sont des momens de salut que Dieu vous accorde pour mieux vous disposer à satisfaire à sa justice. Ainsi Monsieur, je vous laisse discuter votre conscience, & reviendrai demain au soir vous entendre.

MONOLOGUE DU PHILOSOPHE.

Nonne vidisti Achab humilitatem coram me?
3. *Reg. Cap.* 23.

O Philosophie des Esprits-Forts! que tu jettes de fausses lumieres dans une ame qui ne veut être éclairée qu'à la lueur de ton flambeau: tu sembles montrer de loin la véritable sagesse.

On y court par une route, en apparence sublime, mais route obscure, sémée de ronces, & creusée de mille écueils, d'où naît à chaque pas le trouble & l'irrésolution. O inquiets Pyrrhoniens! Doctes ignorans! que votre sort est à plaindre : vous creusez tous les jours pour appuyer sur le dur & ferme rocher vos superbes portiques; mais quelques avancés que paroissent vos travaux, vous vous plaignez de n'avoir encore trouvé qu'une terre molle & incertaine, un sable mouvant, des eaux bourbeuses & menaçantes, qui prêtes à vous noyer vous obligent à chaque pas de suspendre vos pénibles opérations.

Heureux! qui mieux éclairé dans ses recherches & moins assuré de ses forces, ne soupçonne & ne donne d'autre fondement à l'Univers que le bras immuable d'un Dieu! O Philosophie trompeuse! qui n'enchaînes l'esprit qu'en laissant au cœur une licentieuse liberté; j'ai trop long-tems courbé ma tête sous ton joug. Je croyois toucher à chaque instant au bonheur que tu me promettois; par ce motif je te restois fidéle; & je meurs sans l'avoir jamais goûté :

Que de travaux, de ſueurs & de veilles ont en vain mêlé ma vie d'amertume & de fiel. Je traçois quelquefois d'une plume rapide & aſſurée une chaîne de principes dont mon ſerment eut atteſté la vérité : or lorſque j'écrivois ſur la ſeconde page, la premiere me faiſoit naître des ſoupçons. Partagé entre l'eſpérance & la crainte, je formois encore quelques mots, mais j'en effaçois davantage. Irrité de mes faux pas, & pour marcher avec plus de ſûreté, je me joignois à des troupes de Philoſophes ſçavans : or la multitude des chemins qui s'offroient, cauſoient entre nous de ſi vives diſputes, que bien-tôt nous nous ſéparions en différentes routes. Seul je ſuivois la mienne, & trouvois au même inſtant un précipice ou un inſurmontable rocher ; je dreſſois alors de nouveaux plans, regardois à d'autres points de l'horiſon, la vérité m'y ſembloit être placée J'y courois ſur les aîles rapides d'une avide imagination, & les vents qui m'y portoient par leur agilité, pouſſoient en même-tems des nuages épais ſur elle, & lorſque j'en étois le plus près, ce coin du ciel étoit le plus obſcur. Témeraire, j'avançois quelquefois malgré l'obscurité du tourbillon; mais lorsque d'une part je le fendois, la vérité s'échappoit de l'autre. Je la voyois me fuir, & toujours se placer au-dessus de la portée de mes aîles Si les cœurs ambitieux tentent beaucoup, les esprits qui le sont, entreprennent encore davantage. Je m'élançois donc sur ses rapides pas, j'y voyois semées de petites lueurs, mais moins durables qu'un soupir. La vérité pourtant s'arrêtoit quelquefois, dirigeoit sur moi quelques rayons; je me saisissois alors de la plume pour écrire à la lueur de cette auguste clarté, & presque au même instant, l'encre qui gravoit mes nouvelles idées, infectoit par sa noirceur cette avare lumiere & la chassoit loin de moi. Je déchirois mon fragile ouvrage, & après mille fatigues, me trouvois encore ignorant. Alors je promettois à moi-même de n'être plus ambitieux; mais quels sont les hommes qui répriment les violens mouvemens? je montois donc au sommet du Licée, où la vérité se plait de tems en tems à diriger de foibles rayons. Ma constance me méritoit quelquefois de voir lever & paroître cet astre, je croyois avoir tout un jour de lumiere; hélas! toujours plus pareſſeux & plus lent que l'Aurore, il ſe déroboit même avant le coucher du Soleil; ainſi peu ſatisfait de ce que j'avois vû, j'étois bien plus inquiet ſur ce qui me reſtoit à connoître. O vie d'incertitude & d'illuſion ! ô mille fois plus heureux le tranquille Berger ! toute ſa ſcience eſt de choiſir un pâturage, ſon déſir de voir proſpérer ſon troupeau, ſon plaiſir de ceindre ſa houlette de fleurs, ſa curioſité de fouiller ſur le penchant d'une colline pour y trouver une racine cherie pour le bien-aimé de ſes moutons, ſes ſeuls crimes de froiſſer ſous le poids agile de ſon corps l'herbe tendre des prairies, ſon eſpérance un bonheur éternel que lui promet un Miniſtre des Autels qui n'a pas intérêt à le tromper. Miniſtre, dont ſouvent nous Philoſophes, ſommes forcés d'admirer les profondes lumieres, & le monde les vertus. Mais n'eſt-ce qu'à ce dernier inſtant que la vérité devoit attendre mon hommage ? Pourquoi m'être tenu avec obſtination pendant plus de trente années au fragile fil qui joignoit certaines connoiſſances humaines, ſtériles en vérités morales, & fécondes en inutilités. Esprit ambitieux, que ne t'ai-je mieux satisfait en te pliant avec respect sous la chaîne sacrée des vérités revelées, qui, quand l'Univers s'êcrouleroit, ne sçauroit être rompue, son premier chaînon tenant au trône immuable de l'Eternel. Hé que ne puis-je noyer dans des torrens de larmes ces jours, ou plutôt ces sombres nuits dont j'augmentois le cahos par l'obscurité de mes abstraites & vaines méditations. Ce que je ne puis, ô Dieu des Cieux! demande toute votre puissance, & par sa difficulté en est peut-être un digne objet; mais pour concilier les droits de vos adorables attributs, livrez mon corps à votre justice, cédez mon ame à votre amour, dilatez mon cœur aux plus cuisans regrets; qu'il exhale un Océan de soupirs; disposez-le vous-même au Sacrement de Pénitence dans lequel il désire se purifier. Formez de mes yeux comme deux globes de lumiere pour qu'ils puissent pénétrer toute la noirceur de mes forfaits. Convertissez ma chair en une croix vivante, où mon cœur soit sans cesse crucifié: que consumé pour vous en holocauste,

& réduit en cendres, il vous touche par cet état d'humiliation, & pour enflammer davantage ma douleur, représentez-moi distinctement tous mes crimes: détachez du Livre des vengeances ces caracteres rédoutables, qui les offrent sans cesse à vos regards; imprimez-les dans le fond de mon ame, afin que je me connoisse tel que vous-même m'avez connu. Mais déja leur multitude épuise la portée de mes regards; plus j'approche & plus il s'en offre à ma vûe. Tel qu'un Voyageur fatigué du chemin au milieu d'une plaine immense, & qui espére que son terme au moins se trouvera où il voit l'horison se borner. Il avance, l'horison recule, de nouveaux pas multiplient ses fausses espérances & ses regrets, & l'horison s'éloigne mille fois avant le terme où il veut aboutir. Mais Dieu du Ciel! si la vaste étendue de mes crimes égare mes regards, un objet seul peut les fixer; la croix salutaire, où par votre adorable Fils vous vous êtes reconcilié le genre humain: Croix, où vous nous avez tracé autant de portes du salut, que de cruels instrumens de supplice ont ouvert de plaies à votre divin Fils, où toutes les gouttes de son sang ont scellé comme autant d'alliances ; où les rudes épines qui firent mille ouvertures à sa tête sacrée, nous ont donné autant d'entrées à son esprit pour en être nous-mêmes remplis, où cet holocauste d'amour ne refusa pas d'ouvrir son cœur à la lance barbare qui lui perça le flanc. Je suis, Seigneur, cette lance cruelle ; mais dont je veux aujourd'hui que vous soyez armé pour frapper à leur tour ces faux amis de Philosophes qui m'ont follement égaré ; que mon exemple les confonde ou les soumette à votre joug ! Que de crimes m'a fait commettre l'égarement où ils m'ont entraîné. Doutes réfléchis sur votre existence, imprécations contre le Ciel, désirs de mon anéantissement, attaques obstinées contre l'Eglise, persécutions contre ses Chefs, dérisions de ses Disciples, infractions de la loi naturelle, maximes effrenées sur la pudeur, murmures contre les Loix Civiles, apologie de toutes les passions, voilà l'essai de mes crimes. Quels remédes pourront suffire à tant de maux ? O faux amis, qui m'avez perdu ! Sorciens pour les autres, Epicuriens pour vous ; Démons de tout ce qui exiſte, Apôtres zélés d'un chimérique néant. Je ſuccomberois, Seigneur, au détail amer de mes crimes; rendez à mon ame le calme, & que j'attende avec des ſentimens de confiance pour le jour de demain le Médecin ſpirituel que votre amour m'a ménagé.

DIALOGUE V.

Naturam expellas furcâ, tamen uſque recurret.

Le PHILOSOPHE Malade. Le CURÉ.

LE CURÉ.

MOnſieur, je me rends à ma parole & à vos déſirs. Sans doute, vous vous êtes diſpoſé au Sacrement de Pénitence.

LE MALADE.

Je m'en occupai tout hier depuis l'inſtant où vous me quittates, cependant depuis mon dernier ſommeil, je me trouve bien plus tranquille & ma fermeté a un peu repris le deſſus.

LE CURÉ.

Placez-vous, Monſieur, ſelon votre

commodité, je suis prêt à recevoir votre Confession.

LE MALADE.

Je suis très disposé, M. à vous la faire, mais je voudrois auparavant que vous me dissipassiez des doutes involontaires, qui sont le fruit de mes mauvaises lectures : Je ne vois pas sur quels fondemens solides, est appuyé le dogme de la Confession.

LE CURE'.

Sur le précepte de J. C. manifesté par l'Ecriture, par la Tradition, & par les décisions de l'Eglise. Il a été dit aux Prêtres, *recevez le S. Esprit : les pechés seront remis à ceux à qui vous les aurez remis, & retenus à ceux à qui vous les aurez retenus* (*a*). Il est encore écrit, *ce que vous aurez lié sur la Terre, sera lié dans les Cieux*; & pareillement, *de ce que vous aurez délié* (*b*).

LE MALADE.

J'avoue, Monsieur, que voilà votre autorité d'absoudre, bien établie, mais il ne s'ensuit pas que nous soyons obligés à vous confesser nos pechés; vous pouvez nous les remettre sans cela, ou

(*a*) Jean. chap. 20.
(*b*) Matt. chap. 18.

bien une Confeſſion en termes généraux, paroît ſuffire, ainſi que le pratiquent communément les Proteſtans.

LE CURÉ.

Mais remarquez Monſieur, qu'il eſt parlé de pechés que nous devons *retenir* & *lier*; or, comment pourrions-nous ſans en connoître la nature, diſcerner ceux qui doivent être retenus, de ceux qui ne doivent pas l'être. Un Magiſtrat éclairé, ne prononce pas ſur un procès, ſans en connoître les piéces.

LE MALADE.

Hé bien, Monſieur, l'Egliſe exerce cette autorité, de retenir les pechés, envers les pecheurs publics, qu'elle lie par l'excommunication; pourquoi donc confeſſerions-nous les autres fautes, qui ne ſont pas compriſes ſous cette cenſure?

LE CURÉ.

Oui ſans doute, Monſieur, cette puiſſance s'exerce dans l'excommunication: mais elle s'étend neceſſairement à d'autres pechés, que les crimes publics. 1°. Les paroles de J. C. ſont générales, *tout ce que vous aurez lié*, dit-il, *ſera lié*, donc nous n'avons pas droit de reſtraindre la puiſſance de l'Egliſe, aux ſeuls pechés compris dans l'excommunication. 2°. La Tradition vivante

& écrite de l'Eglise, nous apprennent que tous les pechés doivent être lavés par la pénitence; & cette double Tradition jointe aux définitions de l'Eglise, forme une autorité invincible, sur laquelle est principalement fondé le dogme de la Confession.

LE MALADE.

Mais, Monsieur, vous excluez bien du précepte les pechés véniels : or à mon tour, j'en exclus tous les autres que l'Eglise ne frappe pas de l'excommunication.

LE CURE'.

La différence est grande des pechés mortels aux véniels; & sans m'arrêter à bien des réponses, quoique très-solides, que je pourrois vous apporter, je m'attache à celle-ci : c'est que les pechés véniels ne font pas perdre l'état de grace habituelle. Ainsi, n'est-on pas absolument tenu à recourir à un Sacrement, dont l'objet immédiat est, *de rétablir dans l'état de grace*, dont on étoit déchu.

LE MALADE.

Il y a le moyen de la charité parfaite qui remet tous les pechés; pourquoi donc se confesser de ses crimes?

LE CURÉ,

Hé! Monſieur, vous prouveriez trop, & même contre votre aveu, car vous êtes convenu qu'au moins l'autorité de l'Egliſe, devoit s'étendre à l'excommunication. Mais d'ailleurs, puiſque J. C. qui nous avoit appris la vertu de la charité parfaite, a cependant établi le Sacrement de Penitence, pour rétablir dans la grace ſanctifiante; c'eſt une preuve qu'il a voulu qu'on y eût recours: de ſorte que ce Sacrement qui, dans celui qui n'a pas la charité parfaite, eſt le moyen de reconciliation, eſt dans celui qui l'a, *une condition eſſentielle*, ſans laquelle il tomberoit ſous l'anathême de Dieu. Et s'il n'eſt pas obligé de confeſſer les pechés véniels, (donnez, je vous prie, quelque attention à cette réponſe) c'eſt moins parce que l'Ecriture aſſigne d'autres moyens de les expier, que parce que ne faiſant pas perdre la grace habituelle, ils n'appartiennent pas, comme je vous l'ai dit, eſſentiellement à un Sacrement établi principalement pour cet effet; ainſi, pour me ſervir d'un exemple aſſez propre à éclairer cette vérité: Lorſque le Roi accorde des Lettres de grace à un Criminel, celui-ci, n'en eſt pas moins tenu de comparoître devant la Cour Souveraine, où ses Lettres doivent être entérinées : Ainsi, le pecheur justifié par la charité parfaite, doit-il se présenter au Tribunal de Penitence : Mais il n'en est pas de même d'un Débiteur, qui ne perdant pas son état civil, n'est pas obligé à comparoître devant les Juges, s'il acquite sa dette, & de même du fidéle qui n'est coupable que de péchés véniels.

LE MALADE.

Mais il me paroît toûjours, Monsieur, que c'est tomber dans une pétition de principe, que de soûtenir la nécessité de la Confession à la suite de la charité parfaite, qui a effacé tous les pechés : il me semble qu'on devroit dire, qu'alors la Confession est libre, & seulement pour ceux qui tendent à plus de perfection, ou qui veulent avoir une plus grande certitude que leurs pechés leur sont remis.

LE CURÉ.

L'assertion du précepte de la Confession dans le cas même de la charité parfaite, ne suppose rien, & a de très-solides fondements. 1°. La Doctrine de l'Eglise nous apprend que si JESUS-CHRIST n'exige pas alors la Confesſion comme moyen de rentrer en grace, il l'exige *comme condition ſubſéquente & eſſentielle.* 2°. Qui aime le péril dit le S. Eſprit, y périra ; or il eſt difficile de s'aſſurer qu'on ait eu la charité parfaite. L'illuſion eſt facile en ce genre ; nous ſommes donc tenus de recourir au moyen ordinaire & facile de la Confeſſion : car l'attrition & l'amour initial qui doivent accompagner celle-ci, exigent des ſentimens que Dieu accorde bien plus facilement que la charité parfaite. 3°. La Tradition conſtante de l'Egliſe, nous apprend que la charité parfaite ne ſouſtrait pas à la puiſſance des clefs, c'eſt-à-dire, à l'obligation de recevoir le Sacrement de Penitence. 4°. Les fidéles le pratiquent ainſi dans toute l'Egliſe ; donc ſuivant la Regle de S. Auguſtin ſur la force de la Tradition & preſcription, c'eſt un dogme qui nous vient de J. C.

LE MALADE.

Ha ! Monſieur, vos diſcours ont plainement diſſipé mes tenébres, il ne me reſte donc plus qu'à vous ouvrir l'abyſme de ma conſcience, & à me réconcilier avec le Dieu terrible, contre lequel j'ai tant péché : ainſi, Monſieur,

excepté

excepté le meurtre & le vol, j'ai commis tous les crimes.

LE CURÉ.

L'exposition formelle des péchés avec leurs circonstances aggravantes est nécessaire dans la Confession: ainsi, Monsieur, tâchons de débrouiller ensemble ce cahos: vous m'avez dit avoir péché contre Dieu; avez-vous pensé qu'il n'en existoit pas?

LE MALADE.

Dans l'espace des trente ans, j'ai varié souvent sur ce point. Pendant les douze premieres années, époque d'une bouillante jeunesse, j'ai soutenu qu'il n'en existoit point, & j'ai fini par en douter jusqu'au tems de la visite que vous me fites hier.

LE CURÉ.

N'avez-vous jamais été ébranlé dans l'opinion négative pendant ces douze premieres années?

LE MALADE.

Je l'ai été très-souvent, & mon esprit étoit frappé sur-tout de certaines preuves qu'on apporte de l'existence de Dieu, & contre lesquelles je n'ai sçu que m'étourdir, en me précipitant dans le doute Pyrrhonien.

LE CURÉ.

Avez-vous été tranquille dans ce doute? LE MALADE.

Ha, Monsieur, les remords me suivoient presque par-tout. Ma raison me reprochoit que je fuyois la lumiere. Je vous dirai même avec plaisir quelles étoient les preuves qui m'inquiétoient le plus. La premiere, c'étoit la nécessité d'une premiere cause; car toute créature, ainsi que l'exprime son nom, ne pouvant exister sans qu'une cause la produise, il faut, me disois-je, qu'il existe un premier Etre qui, lui-même, n'ait pas été produit; & je sentois que le nier, n'étoit que reculer pas à pas l'objection. La seconde, que les hommes les plus habiles de mon siécle ne pouvant former un aussi bel ouvrage que le Ciel, nos Ancêtres de même nature que nous, ne l'avoient pas pû, & qu'ainsi le Ciel étoit l'ouvrage ou d'un Etre suprême, ou du hazard, ou d'une intime énergie de l'Univers: celle-ci que nos Philosophes appellent *nature*, *nécessité*; or mes passions me détournant de croire qu'il existât une cause supérieure, je me livrois successivement aux deux autres sentimens,

& successivement je les quittois. Je voyois bien qu'on ne pouvoit attribuer au hazard l'harmonie de l'Univers, sans avouer à la suite d'un argument de parité, que du jet fortuit des lettres auroient pû naître les sept volumes de l'*Encyclopédie*, assertion qui seroit le suprême degré de folie ; sur-tout, si pour faire un aveu conséquent, & suivre le fil de cette parité, on osoit soutenir que pendant six mille ans environ, que lemonde a aujourd'hui d'antiquité, les lettres jettées au hazard pourroient produire l'ouvrage énoncé. Mais en particulier la constance du Soleil à marquer tous les jours par son aurore l'instant de mon réveil ; l'obstination des astres à parer chaque nuit le firmament, me forçoient à reconnoître un premier Auteur de ces inalterables flambeaux, dont l'éblouissante clarté me montroit d'ailleurs le hazard comme un ridicule fantôme. Je me jettois alors dans ce que nos Philosophes appellent nature, & nécessité ; mais me disois-je ? Les corps qui sont sur la terre ne se meuvent pas sans impulsion, pourquoi les corps célestes, qui ne sont pas d'une constitution différente le feroient-ils ? Pourquoi la nature faillit-elle en nous dans les tems de maladie & à la mort, & non dans ces corps de lumiere, qui depuis tant de siécles roulent constamment au-dessus de nous ? Pourquoi si un Dieu ne l'a pas ordonné, les astres se meuvent-ils plutôt dans une direction que dans une autre ? Pourquoi notre globe ne va-t'il pas servir de pâture au Soleil ? Enfin je sentois, Monsieur, que prononcer ce mot de *nature*, étoit seulement donner un mot & ne rien dénouer.

LE CURÉ.

Voilà, Monsieur, autant de graces méprisées ; & qu'avez-vous pensé de la Providence ?

LE MALADE.

J'ai cru que tout n'arrivoit parmi les hommes que par un effet de leurs penchans ; mais j'avois lû pour mon tourment, le Discours sur l'histoire Universelle du Grand Bossuet, & chaque trait que je m'en rappellois, m'accabloit d'un argument. Je ne pouvois penser aussi sans une admiration mêlée de trouble, comment sans Providence, & les êtres Physiques étant privés d'entendement nous pourrions vivre seulement trois minutes; comment il naîtroit constamment des hommes & des femmes dans cette proportion, suivant laquelle ils partagent toujours à peu-près également l'humanité ? Comment la race de ceux-là dans tous les siécles auroit eu cette supériorité de force, par laquelle le sexe lui reste soumis ? Comment si nous ne remontons pas à l'influence d'un Etre Suprême des milliers de Soldats plient sous la volonté souvent impérieuse d'un chef ? Comment au mépris de la mort, ils volent à des conquêtes où ils n'auront jamais pour eux un seul pouce de terrein ? Comment les Musulmans ne joignent pas heureusement à leur immense multitude cette ambition turbulente qui dévore le cœur des Conquérans ? Comment la Mer inquiéte ne vient pas nous chasser de nos habitations ? Oui, Monsieur, Dieu, l'Auteur de cette Providence, s'est écrit par-tout, excepté dans l'esprit & le cœur de nos incrédules Philosophes.

LE CURÉ.

Adorez, Monsieur, cette Providence Divine, qui vous éclaire en ce moment. Et qu'avez-vous pensé de la Loi Naturelle ?

LE MALADE.

Je l'ai regardée comme un effet des préjugés, ne mettant pas de différence réelle entre le bien & le mal, le vice & la vertu; les actions morales ne m'ont donc paru que des biens ou des maux de convention, selon le point de vûe sous lequel les envisage le Prince Législateur.

LE CURÉ.

Dans aucune de vos actions vous n'avez donc cru commettre le mal ?

LE MALADE.

Le sentiment intérieur a sans cesse démenti en moi cette opinion, je n'ai jamais pû me convaincre que le meurtre ne fût pas un exécrable attentat; que manquer de parole ne fût un deshonneur; s'appeller en duel une folle barbarie; faire une banqueroute frauduleuse une injustice pendable. Enfin; Monsieur, la vertu m'a plû par-tout de préférence au vice; mais je les voyois sans cesse en parallele d'égalité dans nos Philosophes, & je l'ai cru sur leur autorité.

LE CURÉ.

Avez-vous porté loin ce principe dans la pratique ?

LE MALADE.

Je vous avoue, Monsieur, qu'il m'a rendu l'ame plus vîle que celle d'un usurier. L'intérêt personnel a toujours été mon unique mobile. La crainte des peines civiles mon seul frein, & je ne pouvois voir traîner un malheureux à la Grève, que je ne prisse le contre-sens d'un fameux vers de Corneille, en disant au-dedans de moi :

L'échaffaut fait la honte, & non pas le forfait.

LE CURE'.

O, Dieu, quel déluge de crimes dans un cœur où vous êtes méconnu ! Et quel culte rendiez vous à Dieu ?

LE MALADE.

Je n'en rendois aucun, selon cette grande maxime de nos Philosophes, que quand il existeroit un Dieu, son immense distance de nous, viles créatures, devoit nous empêcher de lui rendre d'inutiles & téméraires honneurs. Mais, grand Dieu, qui pût jamais vous résister & se promettre la paix ! Je sentois, Monsieur, que Dieu ne dédaignoit pas les créatures, puiſqu'elles étoient l'ouvrage de ſes mains, que plus de bienfaits ne devoient pas nous rendre plus ingrats en nous laiſſant oublier celui qui en étoit l'Auteur, que nos hommages quand ils n'euſſent pas honoré Dieu, pouvoient au moins nous devenir utiles en attirant ſur nous de nouveaux dons.

LE CURÉ.

Si vous n'avez pas rendu à Dieu de culte naturel, vous avez donc à plus forte raiſon méconnu la Religion révelée?

LE MALADE.

Elle a été, Monſieur, mon grand écueil, je la laiſſois avec une aveugle fierté pour le vil peuple, me la repréſentant comme un amas d'impoſtures & de ſuperſtitions; mais ſon divin Auteur s'eſt toujours vengé de moi, par la paſſion qu'il m'avoit donnée pour la lecture; je ne voulois ignorer aucun des écrits faits pour ſa défenſe, & j'ai remarqué avec dépit, que les meilleurs ouvrages Théologiques & les plus multipliés étoient ceux qui traitoient de la vérité de la Religion; je ne pouvois me déguiſer qu'elle n'eût eu pour défenseurs les plus grands hommes, envisagés même philosophiquement : les Tertulliens, les Origènes, les Augustins, Photius, Usserius, Labbe, Petau & tant d'autres que vous connoissez mieux que moi. Ha ! Monsieur, s'égarer avec d'aussi grandes lumieres, me paroissoit toujours la plus extravagante supposition.

LE CURE'.

Cependant vous avez dû croire meilleures les preuves qui attaquoient la Religion, puisque vous avez tenu ce parti.

LE MALADE.

L'indifférence & le doute ont été, Monsieur, les deux poisons lents qui m'ont en même-tems gâté l'esprit & le cœur ; souvent occupé de mon plaisir, je songeois rarement à la Religion, le tourbillon des amusemens de Paris m'enveloppoit, & pour passer pour homme conséquent, mon orgueil me portoit à ne pas croire. Cependant une complexion délicate me causant de fréquentes infirmités, me rendoit trop souvent à mes pensées. Les preuves de la Religion venoient alors me poignarder : je me disois, quelle audace à un mortel, de résister au Tout-Puissant qui lui parle par tant de bouches sacrées; oui, si l'opinion d'incrédulité que je tiens est vraie, il faut que ce que croit presque tout l'Univers depuis dix-huit siécles ne soit qu'une pure illusion, que tant de milliers de chrétiens se mortifient sans intérêt jusqu'au tombeau. Le remord me pressoit aussi sur le mépris que je faisois des Evêques & des autres Pasteurs. Quoi, me disois-je? je crois à la décision d'une Académie pour la nature & l'ortographe d'un mot: je regarde comme équitable & avec raison un Arrêt que rend une Cour de Justice, & je refuse d'écouter tous les Evêques du monde chrétien; je m'opposois quelquefois que les ministres des Autels n'étoient pas tous édifians: mais nos Philosophes suivent-ils tous la Loi naturelle, quoiqu'ils la prêchent? Qu'ont de commun l'esprit & le cœur. L'état des Prêtres éteindroit-il de préférence les passions de ceux de ses membres, qui sans cesse répandus dans le monde les y vont irriter. Et enfin, attachant mes regards sur l'entier tableau de la Religion, je m'écriois souvent; non,

Seigneur! vous ne pouvez en imposer aux hommes : or si la Religion Chrétienne est fausse, vous êtes la cause de l'erreur (*a*) parce qu'ils ne peuvent s'en retirer Voilà,.Monsieur, comment mille amertures m'ont troublé sans cesse au sein de l'incrédulité.

LE CURÉ.

La force & le jour que vous donnez, Monsieur, aux preuves de ma Religion font sur moi je ne sais quelle impression qui me pénétre de plus en plus de sa grandeur. La foi m'enseignoit que celui qui perdoit la saine croyance devoit perdre aussi la paix de son cœur; or votre vie passée me le confirme par un exemple bien frappant. Mais votre doctrine & vos mœurs ont-elles été pour beaucoup d'autres un sujet de scandale & de séduction?

LE MALADE.

Je vous en ferois volontiers le détail, mais j'ose vous demander à me reposer, j'éprouve une sensible diminution de forces. Je crois d'ailleurs en avoir dit assez pour être dûment atteint

(a) *Domine si error est, à te decepti sumus.* Rich. de Saint-Victor.

& convaincu de crimes énormes aux yeux de Dieu ; or je présume que vous suivez, Messieurs, la méthode du Palais, où quand le Juge sait un certain nombre de griefs, suffisans pour faire le procès de l'Accusé, il n'éxige pas qu'il fasse au moins contre lui-même d'autres aveux.

LE CURÉ.

Le Fils de Dieu, Monsieur, dans l'établissement de sa Religion, a posé des conditions différentes pour la rémission des péchés ; ainsi vous devez à vous-même de faire un aveu détaillé de vos fautes. Mais je m'apperçois de votre nouvel abbatement, & comme vous avez encore pour plusieurs jours de vie, je puis retarder à demain de vous faire achever votre Confession, & de vous faire recevoir les derniers Sacremens : pour ce moment je vous laisse reposer ; mais sur-tout ayez soin d'écarter toutes ces idées profanes qui viennent vous troubler, & qui sans doute, sont le mauvais effet de la dissipation & du désordre où vous avez vécu : humiliez-vous, gémissez dans une sainte confiance, & plaise au Ciel ! que votre mort soit un exemple de vie pour la troupe de Philosophes avec lesquels vous vous étiez perdu. Adieu, Monsieur.

DIALOGUE VI.

Funiculus triplex difficilè rumpitur. Eccles. ch. 4 v. 12.

LE MALADE & LA JEUNESSE son Laquais.

LE MALADE.

LA Jeunesse, je vous appelle, pour vous faire exécuter mes dernieres volontés.

LA JEUNESSE.

Commandez, Monsieur, & je remplirai toujours vos ordres avec la même fidélité.

LE MALADE.

Mon ami, je quitte la vie & vais paroître devant Dieu.

LA JEUNESSE.

C'est sans doute du Prêtre qui vient de s'entretenir avec vous, que vous tenez cet avis? Vous croyez donc à présent à ces Messieurs? J'ai fait au reste à celui-ci toutes les politeſſes qu'on doit aux perſonnes qu'on reçoit pour la premiere fois.

LE MALADE.

Il faut croire à l'Egliſe, mon enfant : c'eſt le plus ſûr.

LA JEUNESSE.

Que ne me le diſiez-vous plutôt? j'aurois moi-même été plus ſage ; mais peut-être ſi vous revenez en ſanté, en appellerez vous comme vous avez déja fait une fois ?

LE MALADE.

Non, mon enfant, & je demande pardon à Dieu, du ſcandale que je vous ai donné. Or, pour témoignage de mon repentir, vous allez brûler devant moi tous ces mauvais Livres qui m'ont été bien chers, mais où nous avons trouvé l'un & l'autre notre poiſon.

LA JEUNESSE.

Ce ſera bien dommage, Monſieur, ils ſont pour la plûpart bien réliés.

LE MALADE.

Vous en jugez comme les demi-Sçavans de votre état ; ce ſont des parterres de fleurs qui cachent les aſpics : ainſi je veux que vous jettiez tout de ſuite dans ce foyer le *Dictionnaire de Bayle*, ſon *Analyſe*, *Machiavel*, l'*ENCYCLOPEDIE* & le livre de *L'ESPRIT*.

LA JEUNESSE.

Quoi! Monſieur, vous immoleriez ſur-tout les deux derniers ouvrages que vous venez de nommer & qui ſont tant à la mode? vous m'aviez dit qu'on y voyoit dans le plus grand jour ce qu'on doit croire de la vie des hommes & de leur mort. Or, pour ce dernier objet, ils n'ont dû jamais vous être plus utiles.

LE MALADE.

La mort ſur les lévres affecte bien autrement qu'apperçue dans le lointain. Ces Ouvrages ſéduiſent dans la ſpéculation les ames paſſionnées; mais ſont dans la pratique d'un ſtérile ſecours. D'après ces Maîtres faciles j'ai ſuivi en aveugle la voix de mes penchans. Hélas! je n'aurois dû vivre que pour apprendre à bien mourir, & je meurs pour avoir mal vêcu.

LA JEUNESSE.

Peut-être, Monſieur, mourrai-je auſſi bientôt par la même raiſon que vous avez mal vêcu; votre diſcours, il y a dix ans, m'eût épargné bien des nuits blanches dans de froides & tumultueuses anti-chambres ; mais vous voulez donc tout de bon que je jette au feu les Livres que vous avez proscrits ?

LE MALADE.

Oui. Brûlez d'abord *Bayle* & son *Analyse*.

LA JEUNESSE.

Il vaudroit autant vendre ces volumes & les autres à l'Epiciere.

LE MALADE.

Vendre à l'Epiciere des Ouvrages est une flétrissure reservée à ceux qui péchent contre l'esprit & le goût ; mais ces écrits, qui quoique pleins de sel & de jolis traits, attaquent la Religion & les Mœurs doivent être jettés au feu.

LA JEUNESSE.

Voilà *Bayle* qui brûle.

LE MALADE.

O Ciel, où me réduit la vûe d'un avenir ! . . . Tandis que vous brûlerez les autres Ouvrages, faites-moi passer le *Discours sur la Vie Heureuse* & les *Lettres Philosophiques* qui sont sur mon Bureau.

LA JEUNESSE.

Je ne pense pas, Monsieur, que vous y trouverez des actes de Foi sur l'autre vie. Or, il paroît que vous en avez besoin.

LE MALADE.

Je ne veux donner à ces Ouvrages que mes derniers regrets, & les jetter ensuite au feu.

LA JEUNESSE.

Les voilà.

LE MALADE.

O vous! l'Auteur de ce Discours sur la Vie Heureuse, que ne vous ai-je près de mon lit, pour vous communiquer mes doutes & mes perplexités. Vous parlez sans doute de maniere à consoler quiconque a mal vêcu, en disant que se *borner au présent, est le seul parti digne du Sage, & qu'un pareil systême ne laisse aucun inconvénient, aucune inquiétude sur l'avenir* (*a*); mais ce n'est pas touchant aux portes de la mort que vous avez écrit des pensées si hardies; cependant vous êtes séduisant. La Jeunesse, apportez moi l'*ENCYCLOPÉDIE*, aux articles de l'*Ame* & de *Demonstration*.

LA JEUNESSE.

Il faut, Monsieur, vous dépêcher;

(*a*) Disc. sur la Vie Heureuse page 29.

les Auteurs que vous me commandez de brûler ne paroiſſent pas gens à miracles, le feu ne les épargne pas : Voilà les volumes de l'ENCYCLOPÉDIE que vous m'avez demandez.

LE MALADE.

Ne brûlez l'ESPRIT que le dernier, je pourrai bien encore y jetter un coup d'œil.

LA JEUNESSE.

O mon Dieu ! Quel feu de paille que tous ces Meſſieurs-là ! Une ſi barbare exécution il y a ſix ſemaines m'eût rendu moi-même à l'avis de mon Maître bien digne d'être brûlé ; mais la mort ſçait à ſon tour ſe faire reſpecter.

LE MALADE.

La Jeuneſſe, nos Anciens ne penſoient pas ſur l'ame ce que nous en diſent les Prêtres d'aujourd'hui ; mais enfin, je te l'ai déja dit, il faut les croire c'eſt le plus ſûr. Reprends tous ces ouvrages & jette-les au feu, qu'il n'en ſoit plus queſtion, ils n'ont que trop réveillé mes anciennes idées ; brûle auſſi, ſans me le montrer, le livre de l'ESPRIT, je ne dois pas faire à mon frere un don ſi dangereux, quoique pourtant je le lui euſſe promis.

LA JEUNESSE.

Soyez sûr, Monsieur, que dans trois minutes ils n'existeront plus.

LE MALADE.

Oui, nos anciens ne pensoient pas sur l'ame ce qu'il en faut croire aujourd'hui; mais en se montrant équitable, quel fond peut-on faire sur des Philosophes qui penserent si ridiculement sur la Divinité? Cependant, ô Religion! que la crainte de tes châtimens m'a rendu dans ce moment l'ame barbare!

LA JEUNESSE.

Tous les Auteurs, Monsieur, que vous m'aviez remis sont entierement brûlés.

LE MALADE.

Le Phœnix, mon cher enfant, renaissoit, dit-on, de ses cendres.

LA JEUNESSE.

Je m'apperçois, Monsieur, que le sacrifice d'aujourd'hui vous a coûté bien des efforts & peut-être des regrets; mais enfin, il me semble avec vous, que ce seroit jouer trop gros jeu que d'affronter hardiment le voyage de l'autre monde. Nos Philosophes n'iront pas vous en retirer, & ne sçavent pas après tout ce qui s'y passe puisqu'ils n'y ont eux-mêmes jamais été.

LE MALADE.

Tu me parles en homme sensé, il est prudent de bien mourir. J'entends du bruit sur l'escalier?

LA JEUNESSE.

Ce sont, Monsieur, quelques-uns de vos amis; ils vous parleront bien mieux que moi sur les affaires d'une autre vie. Je vais vous laisser avec eux; si vous avez besoin de moi, je serai dans votre bibliothéque à ôter la poussiere des rayons que par votre ordre je viens de dégarnir.

DIALOGUE VII.

Venient in novissimis diebus in deceptione illusores, dicentes, ex quo Patres dormierunt omnia sic perseverant ab initio creaturæ.

S. Pet. epist. 2. cap. 3.

Le PHILOSOPHE *malade*, SILARIS, PHILODORE *&* CLORIS.

SILARIS.

BOn jour notre cher Philosophe, nous vous trouvons bien de moins dans notre Société, aussi nous venons nous en dédommager au près de vous.

LE MALADE.

Je suis très-sensible, chers amis, à votre souvenir ; mais je dois sacrifier le plaisir que j'aurois à m'entretenir avec vous, pour employer les momens qui me restent à racheter par des soupirs les supplices éternels que mes crimes ont mérité.

PHILODORE.

Ha ! ma foi vous y voilà ; convenez que vous avez peur des loups-garous ? Quoi ! n'avez-vous pas honte à l'âge de trente-cinq ans de rappeller de nouveau les contes dont votre bonne grand-mere se servoit pour vous endormir ? Mais c'est peut-être un songe de cette nuit que vous nous racontez ?

CLORIS.

Tels sont les préjugés meurtriers de l'enfance ; & il est rare, qu'excepté dans certaines grandes ames, ils ne se réveillent à la mort : O peres dénaturés ! meres maratres ! Pourquoi gâter l'esprit de vos enfans, par les chimeres frivoles d'une autre vie, d'un feu éternel, d'un Paradis de délices ; apprenez-leur seulement à bien vivre, la nature suffira pour leur apprendre à mourir.

LE MALADE.

Si ces chimeres se réalisent, que m'arrivera-t'il ?

CLORIS.

Si tout le monde meurt cette nuit ; qui sonnera l'enterrement ?

LE MALADE.

Vous avez beau jeu à vous mocquer. Hélas ! je vois les objets de plus près que vous tous, & par conséquent je les vois m ieux.

SILARIS.

Hé bien, que voyez-vous ?

LE MALADE.

Une place pour chacun de vous en Enfer, ainsi que pour moi.

SILARIS.

Tout doucement, cher ami, nous venons passer ici volontiers quelques heures avec vous ; mais sans doute vous ne seriez pas assez cruel pour nous en récompenser par un Enfer dans l'autre vie.

LE MALADE.

Je vous en dois l'aveu : après ce qu'on m'a dit hier au soir dans une longue séance, je ne puis plus me refuser à la croyance d'un avenir.

PHILODORE.

Quoi ! ce n'est pas par dérision que vous parlez de la sorte ? Et quelle est donc cette personne officieuse qui vous a tourné l'esprit ?

LE MALADE.

Je n'ai pû me défendre des preuves que m'a apportées en faveur de la Religion un homme de bien, dont le zèle m'a beaucoup édifié.

PHILODORE.

Mais, découvrez-nous le mystere ? Quel est donc ce personnage frivole qui a si officieusement travaillé à pervertir votre raison ? Je ne soupçonne pas que des Prêtres entrent chez vous?

LE MALADE.

Pourquoi non? s'ils sont rigides pour le tems de la vie, ils sont consolants à la mort.

SILARIS.

Je crois tenir le vrai nœud du secret ; M. le Curé a sûrement tendu ici ses lacets.

LE MALADE.

Oui, je vous en fais sincerement l'aveu, le Curé de ma Paroisse est venu hier au soir, & m'a persuadé de me confesser ; je l'ai fait & ai même bien avancé ma Confession. Il doit revenir ce soir pour me la faire achever & pour me disposer aux derniers Sacremens.

SILARIS.

Ha, Cloris, quel petit Saint ! Il veut sans doute tenir un rang aux Litanies. Cher ami, nous allons vous bâtir incessamment une niche au Licée près de l'Autel *Ignoto Deo*. En attendant nous prendrons de vos reliques.

PHILODORE.

Allons donc ame femmelette, n'avez-vous pas honte de ce que vous avez fait ?

LE MALADE.

Ce Curé m'a dit des choses très-sensées, m'a pressé par de très-fortes raisons auxquelles enfin j'ai été forcé de répondre par des soupirs muets, mais expressifs.

PHILODORE.

Pensez-vous au déshonneur dont va vous couvrir votre lâcheté parmi nos Philosophes & dans le monde ? On dira que vous êtes mort traître à la Philosophie, que vous avez diffamé notre corps. Après tout, mourir est le partage de tous les hommes, mais mourir en ame grande, est ce qui doit nous distinguer

distinguer, & dans ce moment occuper uniquement votre cœur.

CLORIS.

Monsieur le traître, si nous ne vous voyons pas reprendre votre ancienne intrépidité, nous allons vous décrier par-tout. La philosophie estime peu que vous ayez été pour elle toute la vie, ses véritables enfans meurent dans ses bras; ainsi dégagez bien vîte votre esprit des idées que vous a données M. le Curé. Rappellez-vous ces deux beaux Vers d'un de nos plus illustres chefs.

Les Prêtres ne sont pas ce qu'un vil peuple pense,
Notre crédulité fait toute leur science.

LE MALADE.

Ils ne nous cachent pourtant pas les preuves de leur Religion; mais en effet, que diroit-on de moi dans le monde & parmi les Philosophes, ausquels j'ai resté toute ma vie attaché. Que d'insultes piquantes l'on feroit à ma mémoire! que de traits mordants contre moi dans les Caffés!

SILARIS.

Il semble que vous vouliez devenir un peu plus raisonnable, je m'apperçois que les ſentimens d'honneur font impreſſion ſur vous. Chers amis prenons courage pour lui, il y a de la reſſource; ſi l'eſprit eſt dans le trouble, au moins le cœur n'eſt pas gâté.

LE MALADE.

Mais les ſentimens de crainte & de douleur que j'ai montrés à Monſieur le Curé, ne m'ont-ils pas déja dépreciés dans votre eſprit, & ne me feront-ils pas tort auſſi dans le Public?

SILARIS.

Vous pouvez être tranquille, nous vous promettons ſur notre foi, de n'en jamais rien révéler.

LE MALADE.

Mais j'aurois été plus grand dans votre eſprit, ſi je n'euſſe pas montré cette eſpece de lâcheté.

SILARIS.

L'amitié ferme les yeux ſur des foibleſſes, auſquels tout le monde peut être ſujet.

LE MALADE.

Mais, Monſieur le Curé en parlera, pour le triomphe de ſa Religion.

CLORIS.

C'eſt par la voie, nous avez-vous dit,

de la Confession, que vous lui avez fait part de ces timides sentimens ? Or ils se croyent obligés au secret & on leur doit cette justice qu'ils en sont très-fidèles observateurs.

LE MALADE.

Je lui ai montré des sentimens de repentir avant ma Confession, ainsi il sera libre d'en parler.

SILARIS.

Quoi qu'il en soit, mourez tranquille, nous nous chargeons de tout. Nous avons d'ailleurs la solution banale qui raccommode tout ; c'est que vous étiez alors dans un violent transport qui vous avoit dérangé le cerveau.

LE MALADE.

Nous connoissons en effet, vous & moi, des Philosophes qui ont eu au lit de la mort de pareilles foiblesses, & ils n'en jouissent pas moins d'une grande célébrité.

PHILODORE.

Il n'y a pas de doute, rassurez-vous, nous citerons même votre mort en faveur de notre cause. Le Soleil pour se couvrir de quelques nuages n'en doit pas moins servir de guide aux mortels.

LE MALADE.

Mais, dites-moi exactement comment vous raconterez que je suis mort?

SILARIS.

En galant homme, qui ne se fait pas trop prier; en homme conséquent, & qui a *les grands principes*; en ame grande, en homme que tout le monde doit imiter. Allez, soyez tranquille, les épithetes ne nous manqueront pas; mais aussi de votre côté ne manquez plus de courage, & qu'à l'avenir la plus intrépide fermeté répare les petits mouvemens de lâcheté qui vous avoient émûs.

LE MALADE.

Vous m'avez déja dit, que vous les feriez passer pour les suites d'un transport; ajoûtez sur-tout, que le transport étoit des plus fiers qu'on ait jamais eu.

CLORIS.

Je vois avec un sensible plaisir, que votre honneur vous touche fortement, soyez assuré que vous le conserverez encore tout entier après votre mort; nous nous comporterons à votre égard en véritables amis.

LE MALADE.

J'y compte plus que sur mes proches, j'ai eu vingt ans de la plus belle réputation ; quel dommage ! si je venois à la perdre après ma mort, tems où vit notre mémoire, qu'un esprit sensé doit encore plus chérir que lui-même..... Le bon Curé m'avoit bien alarmé.

SILARIS.

Vous nous paroissez assez bien converti & revenu de vos frayeurs ; cependant il faut nous assurer encore plus de vous ; vous venez de nommer Monsieur le Curé, il pourroit peut-être devenir encore votre écueil & le nôtre. N'avez-vous pas dit qu'il reviendroit ce soir ?

LE MALADE.

Oui.

SILARIS.

Il faut absolument lui interdire la porte, & lui faire répondre que vous dormez ou êtes dans le redoublement. Nous voulons bien à cet effet monter la garde chez vous. Après tout il ne faut pas tenter la Philosophie, elle est ennemie des miracles, c'est assez qu'elle nous appuye de ses secours, lorsque nous ne nous exposons pas aux piéges de la crédulité.

LE MALADE.

La crédulité, dites-vous ? ô Ciel !

CLORIS.

Encore vous retombez ? Et votre réputation ? Et ce qu'on dira dans le monde ?

LE MALADE.

Je voulois dire, que vous aviez raiſon d'employer le mot de crédulité.

CLORIS.

A la bonne-heure.

PHILODORE.

Silaris, votre conſeil eſt bon, il eſt très-important que notre Converti ne revoye pas Monſieur le Curé, qui pourroit bien gâter de ſi bonne beſogne.

SILARIS.

L'appréhenſion d'une telle viſite me touche au moins autant que vous. Philodore, je l'ai penſé ſouvent, nous nous obſtinons à ne pas reconnoître de puiſſances malignes, cependant nous ſommes forcés de convenir que les Prêtres, (Et que de Philoſophes au lit de la mort ils ont déshonorés !) oui ces Prêtres ſont les vrais démons des Philoſophes mourans. O, Ciel ! pour quoi la terre n'eſt-elle pas un empire d'indépendance & de tranquillité. Mais je réponds de la porte, vous pouvez vous fier à moi.

PHILODORE.

Nous vous laissons donc pour y veiller. Cloris & moi allons au Caffé informer les nôtres des bonnes dispositions du confrere malade. Cependant pour lui donner des objets propres à l'affermir de plus en plus ; allez, Cloris, chercher dans sa bibliothéque le *discours sur la Vie Heureuse* & l'*Homme Plante*, ces ouvrages comme vous savez, sont au rayon d'or, du même côté que *BAYLE* & l'*ENCYCLOPEDIE* ; Silaris lui en lira quelques morceaux.

LE MALADE.

Ha, quelle tache !

PHILODORE.

Pour l'humanité, sans doute, de ne pas élever des Autels à ces ouvrages ?

LE MALADE.

Oui... Non... Mais Messieurs, il n'y a pas de ma faute.

PHILODORE.

Expliquez-vous ?

CLORIS.

O forfait ! ô noirceur ! ô insigne attentat ! On vous a volé, mon cher malade, deux rayons de volumes les plus précieux.

SILARIS.

Que dites vous donc? Devons-nous vous croire, & quel peut être le voleur? Monsieur le Curé aura fait ici, sans doute, quelque nouvel acte de barbarie. Quoi les êtres muets sont aussi l'objet de leurs persécutions.

LE MALADE.

Vous portez de téméraires jugemens. Si ces ouvrages n'étoient que volés, captifs, ils feroient encore du bien, puisqu'on pourroit les consulter; mais mon Laquais les a frappés d'un plus funeste coup.

SILARIS.

Appellons le téméraire pour le punir à proportion de son crime.

DIALOGUE VIII.

Davus utetur libertate Decembri. *Horace.* (a)

Les Mêmes.

LA JEUNESSE.

Le Philosophe malade jette un coup d'œil sur son laquais, pour lui faire connoître qu'il doit déguiser la faute dont on va le charger.

PHILODORE.

QU'avez-vous fait du trésor de Monsieur ?

LA JEUNESSE.

Pour qui me prenez-vous, Messieurs ? je n'ai pas touché à l'argent de mon Maître.

PHILODORE.

C'est de quelques-uns de ses Livres dont nous voulons vous demander raison.

LA JEUNESSE.

A la bonne-heure, *entendons nous*, Messieurs, mon maître n'a pas voulu que ces ouvrages restassent dans sa succession.

(a) Le mois de Décembre étoit accordé aux serviteurs pour reprocher à leurs Maîtres leurs défauts.

PHILODORE.

Mais que ſont-ils devenus ?

LA JEUNESSE.

Mon maître a pour eux tant d'attachement, qu'il me les a fait mettre dans un état, où ſans ſe corrompre, ils puſſent être mêlés à la cendre de ſon tombeau.

LE MALADE.

Il prend bien ma penſée.

CLORIS.

Ainſi les premiers Fidéles, nous diſent les Chrétiens, pour montrer leur amour & leur reſpect envers les Evangiles, vouloient qu'on en mît un exemplaire avec eux dans le tombeau. Dites-nous pourtant, la Jeuneſſe, ce que vous avez fait de ces auguſtes monumens de la ſublime Sageſſe ?

LA JEUNESSE.

Tranquilliſez-vous, Meſſieurs, ils ſont cachés, vous dit-on, & comme un feu ſous la cendre prêts à jetter mille étincelles de raiſon.

SILARIS.

La Jeuneſſe vous êtes Normand, cependant vos propos & quelques coups d'œil de votre Maître vous découvrent. Nous ſommes convaincus qu'un accès de frayeur l'a porté à vous les faire jetter au feu. Parlez-nous sans déguisement, le Malade nous l'a fait entendre avant que nous vous appellassions.

LA JEUNESSE.

Puisque lui-même a parlé le premier je le fais à mon tour, & vous avoue que je les ai tous jettés dans le feu, par les ordres exprès de mon Maître.

PHILODORE.

Est-il possible ?

LA JEUNESSE.

C'est bien quelque chose de plus, la réalité y est toute entiere, & je n'ai sauvé que la couverture des livres, jugeant qu'ils avoient cela au moins de bon.

PHILODORE.

Et quels sont les livres que vous avez brûlez ?

LA JEUNESSE.

Mon Maître pourra bien vous le dire.

LE MALADE.

Vous avez trop bien commencé pour ne pas dire jusqu'au bout.

PHILODORE.

Parlez donc la Jeunesse ?

LA JEUNESSE.

Hé bien, Messieurs puisqu'il faut l'avouer, nous avons mis au feu *Bayle*, sou

Analyse, *l'*ENCYCLOPÉDIE, le livre de L'ESPRIT & quelques autres. Jugés, Messieurs, si tous ces ouvrages ne faisoient pas un feu d'Enfer ?

PHILODORE.

Notre Malade, c'est donc encore par pusillanimité que vous avez commis cet excès ?

LE MALADE.

Que ma conduite à cet égard n'altere pas, Messieurs, ma réputation dans vos esprits J'ai prévû qu'après ma mort ma bibliothéque seroit exposée en vente ; & pour ne pas être cause que mon héritier pût être inquiété par la Justice, j'ai crû devoir sacrifier ces ouvrages quoique excellens.

CLORIS.

Cette précaution me paroît louable ; c'est encore assez notre systême de céder quelque chose aux préjugés des Nations. Mais, ô divine Sagesse! quand paroîtront ces beaux jours où la Philosophie regnera sur le Trône des Rois ?

LE MALADE.

Je les desire comme vous ; & après les motifs que je vous ai donnés de ma conduite, je ne dois plus vous être suspect.

PHILODORE.

Aussi croyons-nous pouvoir nous reposer sur vous. Nous allons vous quitter à l'exception de Silaris qui restera pour vous faire compagnie. Adieu, notre cher ami.

DIALOGUE IX.

Tu ne quæsieris scire nefas quem mihi, quem tibi.
Finem dii dederint. *Horat. Lib.* 1. *Od.* 10.

Le MALADE & SILARIS.

SILARIS.

QUel objet, mon cher ami, seroit capable de vous amuser & de vous distraire?

LE MALADE.

Je m'entretiendrois volontiers sur l'état actuel de la Philosophie.

SILARIS.

Je puis vous en donner des nouvelles consolantes, auxquelles tout bon Philosophe doit prendre part.

LE MALADE.

Soyez persuadé qu'elles me causeront beaucoup de joye.

SILARIS.

Le rapide progrès de notre doctrine offre aujourd'hui le spectacle le plus intéressant.

LE MALADE.

On n'eût pû se flatter il y a dix ans que les esprits dussent tourner si facilement au vrai.

SILARIS.

Comment ne suivroit-on pas une doctrine à laquelle nous traçons une voye si facile on auroit bonne grace. Notre morale est sans épines, & nos principes sans déguisement.

LE MALADE.

C'est pourtant ce qui m'étonne qu'en exposant nos principes au grand jour, on les adopte sans contrainte & même avec avidité ; vous sçavez que les hommes sont naturellement timides à embrasser une nouvelle croyance.

SILARIS.

Nos progrès sont une suite de la vive lumiere qui éclaire notre siécle ; on étoit anciennement retenu par la crainte d'une autre vie ; mais nous avons brisé le joug, en faisant connoître aux hommes qu'ils étoient autant de Rois ; & des Rois ont-ils au-dessus d'eux de puisſance dont ils aient à redouter les châtimens ou attendre les bienfaits ?

LE MALADE.

Il faut pourtant avouer, & cela de vous à moi ; car nous ne devons pas dévoiler nos myſteres, que la plûpart de nos diſciples forment une Secte de bien dociles Croyans. Nous leur enſeignons le Catéchiſme du plaiſir, & ils s'en tiennent là. Convenez que nous avons trouvé une belle clef à notre doctrine, en affichant le plaiſir à l'entrée du Licée, & élevant dans le milieu le temple d'Aſtarbé.

SILARIS.

Sans doute il étoit important de former ainſi une premiere tige de Philoſophes ; mais la poſterité qui naîtra de ces diſciples ſe dira Philoſophe, parce que ſes ancêtres l'auront été.

LE MALADE.

Je crains cependant que notre Philoſophie ne ſoit toujours vivement combattue & même dominée pat le Chriſtianiſme. Après tout, il ſubſiſte depuis dix-huit ſiécles, eſt admiré de tous, adopté de beaucoup. Les héréſies qui l'ont attaqué n'ont pû l'abbattre & ſucceſſivement ont été ſe perdre dans l'oubli, lui ſeul ſe conſerve avec ſon même éclat. Si dans le ſiécle qui nous ſuccédera il culbutoit ainſi nôtre Philoſophie, nous aurions pris bien de la peine inutilement.

SILARIS.

Je n'aurois pas de peine à le croire; mais quelle en ſera la raiſon ? La même d'aujourd hui; c'eſt que de vingt millions d'ames environ que contient la France, & ainſi par proportion, de l'Univers, il n'y a gueres qu'une cinquantaine d'eſprits raiſonnables, & tout le reſte, ſoit dit entre nous, n'a qu'une machine d'eſprit.

LE MALADE.

Voilà préciſement ce qu'on ne fera jamais croire à l'Univers. O que les hommes ont de l'orgueil ! Ils ne veulent pas ſe convaincre de ce que leur dit le Philoſophe que lui ſeul a la raiſon & eux l'aveuglement.

SILARIS.

Il y auroit un moyen de donner une exiſtence durable à la Philoſophie, ce ſeroit d'en faire une Loi dans les Etats.

LE MALADE.

Oui, mais il faudroit ſacrifier, dit-on, la Religion de nos Ancêtres, & nous n'avons pas droit de contester ce qu'ils nous ont appris. Ce sont des Peres qui nous ont transmis de main en main des miracles, opérés, nous ont-ils dit, en faveur du Christianisme. Des miracles ne sont pas impossibles, le cours des astres en offre mille tous les jours, & d'ailleurs des Peres voudroient-ils en imposer à leurs Enfans? Voilà ce qu'on nous oppose.

SILARIS.

Bon, & que doivent après tout les Enfans à ces Aïeux, dont ils tiennent la naissance, pour les tant respecter? Oui, je vous l'ai déja dit, il faut absolument pour le bien de l'humanité que la Philosophie soit redigée en corps de loix.

LE MALADE.

Tout ce que vous dites est assûrement bien raisonnable, mais les Etats opposent que nous n'assignons point de frein pour les passions.

SILARIS.

Pendre & rouer.

LE MALADE.

Mais quelle justice, dit-on, de pendre & rouer, si le vice & la vertu, le mal

& le bien ne différent que par le nom, comme nous l'enſeignons. Dans le public je jouerois bien mon perſonnage comme un autre, mais vis-à-vis de vous je parle librement.

SILARIS.

Pendre & rouer.

LE MALADE.

Mais combien de déſordres ſecrets, & qui par conſéquent échappent à la vigilance des Magiſtrats ?

SILARIS.

Il faut les voir, pendre & rouer.

LE MALADE.

Et qui pendra les Juges, ſi le ſentiment intérieur ne les rend vertueux ?

SILARIS.

Tout eſt ennobli chez les Grands, & c'eſt le peuple qui ſouille les actions.

LE MALADE.

Mais à quelle claſſe appartiendront les Philoſophes ; car leur modeſtie qui les retient dans les rangs médiocres pourroit bien alors leur jouer de mauvais tours ?

SILARIS.

Les Philoſophes ſe corromproient parmi les Grands, leur place eſt dans la foule ; mais les Philosophes péchent-ils ?

LE MALADE.

Ha ! nous disons bien que non, publiquement, mais toujours de vous à moi ; car ceci sur-tout ne doit pas passer les murs de mon appartement. Vous rappellez-vous du deshonneur dont vous couvrites une famille respectable il y a quelques années ?

SILARIS.

Nous sommes les interprétes des Loix, on doit toujours conclure que nous faisons bien, & d'ailleurs ce dont vous me parlez & tout le reste est le salaire qui nous est dû pour la peine d'instruire l'Univers.

LE MALADE.

A la bonne-heure, en ce cas vous n'avez pas droit de vous plaindre, vous vous êtes payé.

SILARIS.

Il m'est encore dû beaucoup, & si la mort n'alloit pas bientôt vous empêcher de jouir, je vous céderois quelques-uns de mes droits.

LE MALADE.

Les ouvrages dont vous avez éclairé

notre ſiécle ſont auſſi de grands fonds que vous lui avancez.

SILARIS.

Oui, mais je ne penſe pas que le ſiécle puiſſe s'acquitter à mon égard à cauſe de la dette immenſe qu'il vient de contracter avec l'Auteur du Livre de l'ESPRIT.

LE MALADE.

Ha vraiment vous m'y faites ſonger, je penſe qu'il ne faudroit pas moins qu'un SILHOUETTE pour pourvoir à ce prodigieux rembourſement, ſans toutefois charger nos Philoſophes, dont vous ſçavez que la bourſe a ordinairement fait vœu de pauvreté.

SILARIS.

Il auroit la reſſource de nos *Croupiers*. Cette foule de grands Seigneurs, qui ſans prendre la peine de diſcuter les parties ſéches & abſtraites de la Philoſophie, en ont pourtant tout l'émolument dans la jouiſſance du plaiſir. Mais ſans nous écarter de notre objet. O quel beau Livre que celui de l'ESPRIT !

LE MALADE.

Vous me paroiſſez être comme moi dans l'enthouſiaſme à l'égard de ce Livre ?

SILARIS.

Comment! les applaudissemens d'un monde d'Univers ne suffiroient pas pour le payer tout ce qu'il vaut. Oui, mon cher ami, c'est le chef-d'œuvre de la Litterature; un ouvrage où tout est neuf, le précis de la Nature, le flambeau ardent & lumineux des passions, le vrai Législateur des Empires, l'appréciateur de l'amitié, le Patriarche commun de toutes les Religions, la Verge des Grands, le Jérémie des Peuples & l'Oracle du vrai.

LE MALADE.

On n'oubliera sûrement pas de longtems une aussi noble production.

SILARIS.

Quoi! On ne l'oubliera pas? Je le crois bien; ou les hommes auront perdu toute raison, ou pour rendre un hommage immortel à ce Livre, ils attacheront à sa naissance une des grandes époques du monde. Ainsi jusqu'à présent on a compté sept âges? Cet Ouvrage doit sans difficulté former le huitiéme.

LE MALADE.

Je le pense comme vous, il sera même bon; (excusez si j'ajoute à votre idée) que dès l'année prochaine on néglige tout autre calcul chronologique, & qu'on date tout de cette nouvelle époque, dont il faudra former comme une Ere Philoſophique. Ainſi l'on dira, ſelon l'accroiſſement des années. La premiere, la ſeconde, la troiſiéme, quatriéme année de l'Ere Philoſophique ou de la naiſſance du Livre de l'ESPRIT.

SILARIS.

Ce ſeroit bien là ce que les hommes devroient faire, mais je ſuis bien ſûr qu'il n'en ſera rien, il en faut juger par la maniere dont ils ont traité cet Ouvrage. Au lieu d'en multiplier les exemplaires aux frais de la Patrie, d'en envoyer à toutes les Cours, de répandre pour le prêcher, de zelés miſſionnaires dans tout le monde, de mettre en fonte les métaux pour élever ſous le méridien qui partage l'Univers une ſtatue à ſon Auteur, de graver ſur les ſuperbes portiques du Louvre qu'au XVIIIe ſiécle *il nâquit un homme*, de donner pour attribut aux trônes des Rois ce précieux écrit; on le brûle au pied du grand Eſcalier.

LE MALADE.

Que voulez-vous, mon cher ami, l'humanité ſe ſouille tous les jours par de nouvelles taches, les exemples s'en multiplient ſous nos yeux ; car peut-on encore, plus ajouter crime ſur crime, attentat ſur attentat, unir mieux la barbarie à l'injuſtice, la témérité au blaſphême, que ....

SILARIS.

Je vous entends, d'avoir auſſi flétri l'*Encyclopédie*.

LE MALADE.

Oui, c'eſt préciſément l'objet de mes plaintes. Eſt-il poſſible! Tombe-t-il ſous les ſens, qu'on ait pû deſcendre à untel dégré d'aviliſſement, que de ſoumettre à la réviſion les ſept gros volumes *in-fol.* de l'ENCYCLOPÉDIE! Oui, ou je ne ſerai point cru, ou dans la prochaine édition de notre Catéchiſme dans lequel l'Auteur digne de mille éloges, a ſi parfaitement rendu notre croyance, oui, la flétriſſure des ſept vol. de l'ENCYCLOPÉDIE ſera marquée comme une action où ſont renfermés ſept péchés capitaux Philoſophiques.

SILARIS.

Vous pensez très-bien, il est bon de faire succer avec le lait de la saine doctrine un grand éloignement pour de si énormes crimes.

LE MALADE.

C'est que je n'en reviens pas. Insulter aux *Sept merveilles du monde !* Profaner les *Sept Sacremens Philosophiques* d'où découlent tous les biens ! Resister aux *sept dons de l'Esprit Philosophique !* Frapper *sept Freres* d'un seul coup ! O nouveaux & plus barbares Antiochus !

SILARIS.

Ce qui me surprend davantage est que les chefs de la Patrie, dont les fronts plissés annoncent l'esprit mûr, ayent porté ce cruel coup.

LE MALADE.

Je n'en suis pas absolument surpris, les têtes blanches n'ayant plus les grandes passions, n'ont plus aussi pour m'exprimer d'après l'Auteur du Livre de l'ESPRIT, ces flambeaux célestes & lumineux qui éclairent la raison, & sans lesquels elle ne voit pas. Mais rompons sur cet objet, je craindrois d'échauffer votre bile. Soyez dédommagé par

par les suffrages & les cris d'allégresse que donnent à nos nouveaux écrits les plus distingués Citoyens de cette Capitale ; & la plus précieuse Jeunesse dont les Provinces lui payent le tribut.

SILARIS.

Il est vrai, ce sont des colomnes de notre part, & je regarde comme un très-grand bien l'usage des parens de Province d'envoyer leurs Enfans à Paris. A peine l'amour du vrai les a conduit à nos Licées que nous en faisons des Disciples tous brûlans d'émulation & même des Maîtres.

LE MALADE.

Croyez-vous qu'on les y envoie par ce motif ?

SILARIS.

L'intention de quelques parens ridicules pourroit bien y être contraire ; mais leurs enfans plus raisonnables volent d'eux-mêmes sous nos étendarts, & je crois que vous en connoissez peu qui ne quittent promptement le joug onéreux de la Religion pour adopter notre Doctrine.

LE MALADE.

Oui, sans doute, ceux qui s'y refusent sont en très-petit nombre ; aussi je ſuis intimément perſuadé que ſi encore pendant dix ans on envoie à Paris les enfans des Provinces, on verra totalement changer la face du Royaume. En effet, ces enfans tranſmettront nos dogmes à leurs nouveaux enfans, & ainſi le vrai parviendra enfin à la poſtérité la plus reculée.

SILARIS.

J'eſpére voir conſommer cet ouvrage auquel eſt ſi parfaitement lié le bonheur de la France ; mais je vous le répéte, ce bonheur eſt à la diſpoſition des parens, & exige auſſi notre zele.

LE MALADE.

Les parens ne ſont pas pourtant très-jaloux que leurs enfans fréquentent nos écoles, ils ſe plaignent qu'ils leur portent de très-fortes dépenſes pour les frais de nos leçons.

SILARIS.

Ce ne ſont pas nos peines qui leur coutent, mais les plaiſirs de leurs enfans.

LE MALADE.

Oui, mais quand on ſe croit tout permis, il eſt difficile que la volonté s'y refuſe, & dès-lors on épuiſe ſes parens.

SILARIS.

Les parens n'ont qu'à refuser.

LE MALADE.

Mais les enfans emprunteront.

SILARIS.

Pourquoi trouvent-ils des dupes ? On ne doit pas leur prêter.

LE MALADE.

Une passion qu'on a trop allumée veut absolument se faire jour, & essaye de toutes les voies : ainsi les enfans dans les circonstances où vous les supposez voleront, si l'argent leur manque par tout autre moyen.

SILARIS.

Pendre & rouer.

LE MALADE.

Vous finissez toujours par un étrange refrain, & indiquez une fin assez dure : si vous n'y prenez garde le Christianisme prendra sur nous le dessus ; la Philosophie, dira-t-on, conduit aux infâmes gibets : le Christianisme au moins promet le Ciel.

SILARIS.

Bon, c'est ce qui vous arrête ? Il faut qu'on illustre la Grève comme sont ennoblis les Champs de Mars, & lorsqu'on rompra, si vous voulez, le fils d'un Duc, on dira : *C'étoit un feu qui brûloit trop, il a fallu l'éteindre.*

LE MALADE.

Ha! de grace, n'appuyez pas trop fort sur ce point de nos principes, nous serions dégradez, si le Public nous entendoit. Or, vous sçavez que les murs parlent; soyez donc d'une grande réserve & avouez que la Grève n'est pas le beau côté de la Philosophie, ni une place honorable du Licée.

SILARIS.

J'en conviens, mais c'est-là, comme vous sçavez, le dernier réduit de la Philosophie que nous ne montrons qu'à ceux qui sont entiérement initiés, & très-curieux de voir tout-à-fait jusqu'au bout. Or sur dix mille en est-il un qui s'embarrasse d'aller jusques-là? Mais j'entens frapper à la porte d'entrée. Ha! c'est Monsieur le Curé : vous sçavez les ordres que j'ai reçus?

LE MALADE.

Les miens y sont assurément très-conformes, s'il m'est toutefois permis de vous en donner. De grace, qu'il n'entre pas, la crainte qu'il m'avoit inspirée m'avoit arraché quelques sentimens violens qu'aujourd'hui rétracte ma fermeté.

SILARIS.

Reposez-vous sur moi, je vais éloigner la pierre d'achoppement, & vous aurez lieu d'être satisfait.

DIALOGUE X.

Verba oris ejus iniquitas & dolus. *Psalm.* 35.

SILARIS & M. LE CURÉ.

LE CURÉ.

JE demande, Monsieur, à voir le Malade.

SILARIS.

Hélas! Monsieur, j'en suis au désespoir; mais il dort.

LE CURÉ.

Il m'a indiqué cette heure-ci pour le voir, & il est de la derniere importance que je m'entretienne avec lui. Je ne me consolerois pas de ne point lui parler.

SILARIS.

J'en suis assurément tout aussi pénétré que vous; mais il est dans un profond sommeil qui pourra lui être fort salutaire.

LE CURÉ.

Que me dites-vous? Monsieur, le malade est sans ressource, je m'en suis apperçu à ma derniere visite; ainsi le retardement de mon ministere pourroit être cause qu'il mourût sans les derniers secours de l'Eglise. Il faut absolument que j'entre.

SILARIS.

Je le désirerois, Monsieur, tout comme vous; mais la chose n'est pas possible pour le moment, il attend la visite du Médecin pour demain à neuf heures, vous pourrez le voir après cette heure-là. J'ai reçu pour toute cette après-dinée les ordres les plus exprès de ne laisser entrer qui que ce fût; je vous renouvelle, Monsieur, toutes mes excuses, & voudrois pouvoir ne pas vous refuser.

LE CURÉ.

Mais, Monsieur, son ame m'est confiée en qualité de Pasteur?

SILARIS.

Et à moi l'entrée de sa maison.

LE CURÉ,

Mais, Monsieur, je serai responsable de sa mort?

SILARIS.

Rassurez-vous, Monsieur, le Médecin y aura sa bonne part.

LE CURÉ.

L'Evangile nous apprend de nous embarrasser peu de la mort du corps, mais l'ame est autrement précieuse devant Dieu.

SILARIS.

Ne débitez pas, Monsieur, trop haut ce principe, les Médecins en abusent assez.

LE CURÉ.

Vous écartez, Monsieur, le grand objet; je vous conjure de me laisser voir le Malade, afin de lui procurer les derniers secours.

SILARIS.

Je vous ai dit mon dernier mot, vous pouvez d'ailleurs être tranquille; nous avons procuré au Malade un brave homme de Capucin, qui a fait la grosse besogne, & si vous voulez bien me marquer exactement l'heure où vous viendrez demain, je me chargerai d'exhorter dans l'intervalle le Malade pour le mieux disposer à votre visite.

LE CURÉ.

Comme je me suis apperçu qu'il le

pouvoit encore aller à quelques jours, & que mes instances ne peuvent pas m'obtenir de le voir, je reviendrai demain sur les dix heures; mais toutefois ayez grand soin de me faire avertir à quelque heure que ce soit de la nuit, pour peu que vous voyiez empirer le mal.

SILARIS.

Cela suffit, Monsieur, je ferai donner les ordres en conséquence.

DIALOGUE XI.

Væ qui spernis non ne & tu sperneris,

LE MALADE & SILARIS.

LE MALADE.

VOus l'avez donc congédié?

SILARIS.

Oui, à l'aide de quelques mensonges.

LE MALADE.

Tout est bon pour vaincre leur importunité.

SILARIS.

Diantres, mon cher ami, qu'on a

de la peine à ſe débarraſſer de cette race noire à grande jaquette. Il faut l'avouer, que ces Eccléſiaſtiques de Communauté ſont conſéquens dans leurs principes, & leur conduite feroit ſuccomber des ames moins fortes que les nôtres.

LE MALADE.

Oui, mon cher Silaris, leur exactitude & leur zèle m'ont toujours émû, je crois à chaque inſtant voir écrite ſur leur front la vérité de la Religion qu'ils annoncent, & les déſordres de quelques Abbés mondains ne me raſſurent pas; ceux-ci, livrés à leurs plaiſirs s'embarraſſent peu d'acquerir la ſcience de leur état: ainſi les battre par nos objections, ne ſçauroit être pour nous un véritable triomphe, ni une preuve de la vérité de ce que nous avançons, ſi d'ailleurs nous n'avions par-devers nous de fortes & ſolides raiſons.

SILARIS.

Je leur fais un peu plus de grace que vous, & pour les mieux apprécier, accordez-leur une ignorance fardée.

LE MALADE.

A la bonne-heure; mais de bonnefoi, pour vous montrer par une sensible comparaison si le Public peut les prendre pour juges en matiere de Religion. Croyez-vous que ce seroit à un habitant de S. Denys qui n'auroit jamais vû Paris que de-là, ou à un Anglois qui l'auroit examiné avec la plus scrupuleuse attention, qu'il faudroit demander son jugement sur cette ville? Oui, Silaris, tandis que la conduite & les contradictions de ces Abbés du monde ne grossissent pas nos preuves. Quel préjudice! ....

SILARIS.

Tout doucement, je vous prie, quoique cette espéce d'Abbés n'avance pas infiniment notre cause, ils nous sont pourtant de quelque utilité; nous devons les exhorter à poursuivre, leur exemple fait la conquête des simples, & nous celle des beaux esprits.

LE MALADE.

Oui, Silaris, tandis que ces Abbés ne viennent pas à l'appui de nos preuves, quel énorme préjudice ne nous porte pas un grand nombre de ces bonets de Sorbonne, après tout gens sçavans, le zèle édifiant de ces gens de Paroisse, la régularité de certaines Communautés Religieuses, l'application des Séminaires, l'émulation des Écoles? Ha! mon cher Silaris, partout d'où je vois les passions bannies, j'entends prêcher la Religion, & la Philosophie n'a d'appui que parmi nous & dans un monde libertin.

SILARIS.

Bon, allez-vous retomber dans quelque foiblesse? Le courage est-il jamais plus nécessaire qu'au lit d'honneur? La *mort n'effraye pas un Sage.* Ce que j'ai prétendu vous dire des Ministres de la Religion, n'est que par maniere de conversation, & ne doit porter aucun préjudice à notre cause; avons-nous donc besoin de quelque appui? Les fleches ennemies pourroient-elles nous atteindre? Ou pouvons-nous craindre d'être renversés? Vous le sçavez, la Philosophie se suffit & se soutient sur ses inaltérables fondemens.

LE MALADE.

O Ciel! Et qui soutient un mourant qui n'est que Philosophe? O innocents Bergers! O pieux Citoyens! O fervens Anachoretes! Que vous êtes heureux, vous passez vos jours dans le sein d'une espérance que j'appelle chimere, mais que votre conviction vous rend flatteuse, & j'ai vécu dans une amere perplexité ; vous mourrez pleins de consolation, & je meurs glacé d'effroi ; je quitte le neant des plaisirs, & ne vais-je pas tomber dans un réel abîme des plus lamentables tourmens ?

SILARIS.

Quoi donc ! Quelque petit chien creuse-t-il sous votre lit, ou vous croyez voir un gouffre s'ouvrir ? Mais, de bonne foi, vous nous jouez ; je vais vous faire rougir, en vous citant l'exemple de beaucoup de femmes intrépides qui meurent aujourd'hui avec la plus grande tranquillité.

LE MALADE.

O fermeté, reprends donc le dessus ! Oui, je conviens que les femmes, Silaris, depuis quelques années, vont au tombeau comme elles viennent du bal, avec le seul regret de ce qu'elles quittent ; mais ne nous en prévalons pas, le tissu de leur vie, la vanité de soutenir la gageure, l'honneur de proteger nos opinions, l'amour de la nouveauté, l'éloignement de toute doctrine qui gêne leurs plaisirs, leur fait affronter par orgueil la mort que nous bravons par enchaînement de principes ; & vous n'êtes pas à sçavoir quel empire a sur le sexe cette brûlante passion.

SILARIS.

Ne parlez donc qu'à demi voix, peu-à-peu nous dépeuplerions le Licée.

LE MALADE.

Je m'en consolerois, quand même j'y serois seul, si du moins je m'y trouvois avec la vérité.

SILARIS.

Notre ami, vous n'êtes pas ferme ; voilà ma solution à vos raisonnemens.

LE MALADE.

Que fais-je ? Quoi, je me détruis dans l'esprit des hommes, je ternis une réputation méritée ; oui, Silaris, je m'abusois, je veux mourir en brave.

SILARIS.

Rien de mieux ; mais que cette fois-ci ce soit donc tout de bon : votre exemple me fait soupçonner que si nos Philosophes mouroient en public, notre doctrine en recevroit quelques atteintes. Ha ! Voici nos Camarades, ils vous affermiront tout-à-fait dans vos généreuses dispositions.

DIALOGUE XII.

Huc uſque venies, & ibi confringes tumentes fluctus tuos.

Le MALADE, SILARIS, PHILODORE, CLORIS.

PHILODORE.

CHer ami, nous vous donnons le bon jour ; où en eſt l'état de votre ame ?

LE MALADE.

A ce dégré de force dont elle a beſoin pour franchir le pas de la mort.

PHILODORE.

Ha que vous parlez dignement ! Camarades, tout va bien.

LE MALADE.

Que dit de moi le Public ?

PHILODORE.

Il n'eſt occupé que de vous ; la fermeté de votre ame eſt la merveille du jour. Les Caffés retentiſſent du bruit de votre nom ; on s'aborde aux promenades pour parler de vous, & ſans vous nommer, il ſuffit qu'on ſe diſe ; *comment va-t'il ?* pour qu'on ſçache auſſi-tôt que vous êtes l'objet de la demande.

CLORIS.

J'ai même quelque chose à ajouter : un de nos Philosophes ravi du rapport que nous lui avons fait de vous, a été aussi-tôt commander au sieur *Cars* la gravure de votre portrait. Et plusieurs Financiers en ont envoyé retenir.

SILARIS.

Hé bien, notre Malade, vous plaindrez-vous que votre mérite n'ait pas été reconnu ? Que vous devez assurément vous estimer heureux de sçavoir que vous allez mourir au milieu des applaudissemens !

LE MALADE.

Je souhaiterois pourtant retarder encore ce moment pour les mieux mériter.

PHILODORE.

Non, de nouveaux momens n'ajouteroient pas à votre gloire parvenue à son comble. Vous avez dans ce genre prouvé vos seize quartiers, il n'y a plus mot à dire.

SILARIS.

Que vous devez, cher Malade, être flatté ! Mourir sur des lauriers, laisser à sa mémoire de magnifiques éloges, aux hommes un modéle, aux Philosophes une invincible preuve de fait, & un prodige d'admiration à la postérité.

LE MALADE.

Je prevois que je serai de grandes choses sur la terre. O Ciel! que serai-je dans le gouffre de l'avenir? Messieurs, le personnage de Philosophe est beau jusqu'au dernier moment; mais alors il devient bien critique; je sens combien le pas est rude, & je vous le donnerois peut-être bien en quatre, que vous ne feriez pas si bonne contenance que moi.

CLORIS.

Nous pensons mieux de vous, que vous ne faites de nous-mêmes, nous espérons hériter de votre fermeté.

LE MALADE.

Je vous donne un conseil en ami, c'est d'envoyer quelques espions à la découverte, & qu'ils vous disent fidélement s'ils n'ont rien apperçu au-delà de la vie: car il me semble que j'y vois quelque chose.

PHILODORE.

C'est la Mort elle-même, mais qui telle qu'un protée prend toute sorte de formes pour nous épouvanter.

LE MALADE.

Heureux chers amis, si l'empire de la Philosophie voit enfin arriver le siécle de son Christophe Colomb. Quoiqu'il en soit, je veux bien franchir le pas à votre gré ; mais si je me sacrifie pour vous, je n'exige pas que ma mort vous fasse la loi, ni vous serve d'exemple.

CLORIS.

Nous mourrons tous, graces à la Philosophie, avec le même fermeté. Croyez-vous que nous voulussions nous deshonorer ? oui, nous comptons finir comme vous ; mais avec cette différence, que si votre être va s'évanouir dans le néant, votre mémoire vivra toujours sur la terre. Or la médiocrité de nos talens nous exclut d'une pareille attente.

LE MALADE.

Allons donc, puisqu'on le dit dans ce néant ; nous tâcherons de faire bonne contenance.

PHILODORE.

Vous avez raison, rien de tel que de parler ferme, & de se faire craindre ; il faut absolument que la Mort vous conduise au néant, & si elle osoit vous résister, vous la terrasseriez par nos grandes preuves.

LE MALADE.

Je ne regrette que de ne pouvoir pas vous faire sçavoir la solution.

SILARIS.

Nous sçavons comment elle doit être, & cela nous suffit.

LE MALADE.

L'expérience vous l'enseignera mieux.

CLORIS.

Argumentez sur tout la Mort avec le redoutable appareil de l'algébre, de la géométrie, du calcul infini. Vous sçavez qu'avec ces quatre mots : *Ce qu'il falloit démontrer*, nous faisons avouer des vérités que très-souvent on ne voit pas, & par-là nous tranchons en Maîtres sur tout.

SILARIS.

Oui, la voie du calcul est infaillible, il faut absolument s'en tenir là. Mais quoi....

PHILODORE.

Je vois que le même objet nous allarme, le visage de notre Malade palit de plus en plus ; il tombe sûrement en foiblesse ; que je lui prête l'appui de mes bras. (*Au Malade*) Vous sentez-vous plus mal ?

CLORIS.

La Jeunesse, accourez promptement.

LE MALADE.

Je succombe . . . Ha je meurs !

PHILODORE.

Hélas ! chers amis, il n'est plus à nous, il est mort !

CLORIS.

O marâtre Nature qui viens de nous priver d'un si bon ami !

PHILODORE.

O Nature aveugle ! devois-tu nous tirer du néant pour nous y faire retomber ? O cher ami, trop cher ami qui n'es plus !

CLORIS.

Dérobons-nous à un spectacle qui nous attendrit ; laissons le soin de son corps à la Jeunesse, & qu'il pourvoie à tout.

SILARIS.

Que pensez-vous de la maniere dont il est mort ?

PHILODORE.

Qu'il est rare de vaincre, comme il a fait, les foiblesses qui l'ont assailli à ce dernier moment. Oui, notre cause est bonne, il l'a bien défendue; allons publier à notre avantage la relation de sa mort.

Fin des Dialogues.

ESSAI SUR LA SPIRITUALITÉ, ET L'IMMORTALITÉ DE L'AME.

SI l'amour sincére de la vérité est la regle immuable que l'homme doit toûjours suivre dans toutes ses études, c'est sur-tout lorsque sa félicité pour laquelle il a un penchant si invincible, y est étroitement liée. Telle est la vûe sous laquelle se présente la Question que nous examinons ici. » L'immortalité de l'ame », dit judicieusement un Auteur moderne, » est une chose qui » nous importe si fort, & qui nous tou» che si profondément, qu'il faut avoir

» perdu tout sentiment, pour être dans » l'indifférence de sçavoir ce qui en est. » Toutes nos actions & toutes nos pensées doivent prendre des routes si différentes, selon qu'il y aura des biens » éternels à espérer ou non, qu'il est » impossible de faire une démarche avec » sens & jugement, qu'en la réglant » par la vûe de ce point, qui doit être » notre dernier objet (*) (1) ». Quoi de plus sage & de plus important, que cette maxime ! Mais pour ne pas fatiguer le Lecteur, en lui remettant sous les yeux une Question sur laquelle on a tant écrit, & avec tant de solidité (2), tâchons de l'examiner sous un autre jour, de la présenter sous d'autres vûes. S'il nous est permis de hazarder un timide jugement, il nous semble qu'on suit ordinairement trop loin les incrédules, & qu'on abonde trop en raisonnemens vis-à-vis d'eux. En effet, la marche ordinaire, lorsqu'on veut établir l'existence d'une vie future, c'est de commencer par prouver que l'ame est spirituelle, c'est-à-dire, que sa substance n'est pas un assemblage d'élémens : on ajoûte

(*) *N. B.* Voyez à la fin de l'ouvrage, les notes suivant leur ordre de chiffres.

qu'elle ne ſera pas anéantie, parce que rien de ce que comprend la Nature, comme dit l'Illuſtre Fénelon, ne tend à l'anéantiſſement (3). On avance encore un pas, & l'on établit par des preuves poſitives, que l'ame eſt immortelle, c'eſt-à-dire, qu'elle exiſtera éternellement. On prémunit enſuite cette vérité, contre la fameuſe Queſtion de la nature des animaux; & l'on prouve qu'ils ne ſont point de même nature que nous, ni ſpirituels, ni immortels; enfin, l'on poſe & l'on appuye tout cet auguſte édifice ſur la révélation, qui nous apprend clairement, que nous ſommes ſpirituels & immortels. Mais tous ces points ont-ils donc une liaiſon ſi dépendante, qu'on ne puiſſe les ſéparer? Cette marche eſt-elle abſolument néceſſaire à tenir? Il nous paroît que non, & nous croyons que le dogme de l'Ecriture ſur notre immortalité, n'a nullement beſoin de ces vérités d'ailleurs *immuables*, comme d'autant de fondemens. Et dès-lors, que de chemin n'éviteroit-on pas? Que d'objections ne pourroit-on pas ſe diſpenſer de réſoudre? Développons ces conſidérations, ces conjectures, mais en peu de mots, pour ne pas paroître vouloir instruire où nous désirons bien d'avantage de recevoir des leçons : Or, nous procéderons de la sorte. Il n'est pas de question où l'incrédule doive apporter plus de sincérité. Elle décide de sa tranquillité pendant la vie ; mais sur-tout de son sort dans l'avenir, où Dieu lui prépare une éternité de bonheur ou de supplices. Ce n'est donc pas par la subtilité funeste de son esprit, qu'il doit chercher à obscurcir nos preuves à éluder nos objections. Hé ! accordons-lui tout l'esprit qu'il ambitionnera, mais conjurons-le de s'aimer d'avantage, de se guérir de ce doute désolant & entêté, cruelle *maladie de l'ame des plus dangereuses, & dont M. Bayle lui-même a été une des preuves des plus frappantes* (4). Ainsi, faisons marcher ensemble les lumieres de l'esprit, les mouvemens du cœur, sur-tout cet intérêt éclairé pour nous-mêmes; & au lieu de descendre par toutes les propositions que nous avons assignées jusqu'à la révelation, commençons par celle-ci, & voyons même si en nous y arrêtant, la preuve de notre immortalité n'est pas déja invincible & complette. Le dogme exprès, lui diroisje, de la révelation, c'eſt que *nos ames ſont immortelles*. Or, la Queſtion n'eſt-elle pas dès-lors totalement décidée ? L'incrédule prétend que non ; & d'abord il veut qu'on lui prouve que l'ame n'eſt point matérielle, ſans quoi, dit-il, la révelation poſe ſur un fondement ruineux : mais cette aſſertion eſt-elle bien vraie ? Accordons pour un inſtant, que l'ame fût matérielle. Elle ſeroit ou d'une matiere diſtincte du corps, ou non diſtincte. Si c'eſt d'une matiere non diſtincte, c'eſt-à-dire, qu'elle ne ſoit qu'une propriété, une vertu du corps, outre que cette ſuppoſition, au jugement même de Bayle, eſt tout-à-fait abſurde (5), elle ne ſauveroit pas les incrédules d'embarras ; & employons contre-eux le raiſonnement de Bayle lui-même. » Si vous poſés une fois avec » cet Auteur (Dicéarque), que l'ame » n'eſt point diſtincte du corps, ou » vous ne ſçavez point ce que vous di- » tes, ou *vous êtes obligés de dire que* » *cette vertu accompagne toûjours le* » *corps*.... Il y a contradiction qu'un » être ſoit jamais ſans ſon eſſence ; il » n'y a donc point lieu de ſe flatter que » le ſentiment ceſſera après la mort (6) ».

Mais ſuppoſons qu'elle n'en ſoit qu'une vertu accidentelle du corps, donc un Etre diſtingué de lui, la lui a communiqué ; donc il peut la lui communiquer une ſeconde fois ; donc il peut la lui rendre & la lui continuer après la mort. Hé quoi ! pourroit dire Dieu, *j'ai ſçu vous conſerver, & vous demandez ſi je puis vous perdre* (7) ? *je puis vous perdre, & vous demandez ſi je puis vous rétablir dans vôtre premier état ?* Les Philoſophes incrédules, mais ſincéres, qui ſçavent bien que les Loix phiſiques ne ſont pas rébelles à ce point, ne le conteſteront pas. En un mot, la mort n'anéantit pas les élémens de l'être qui meurt ; ainſi, celui qui a pu raſſembler cette multitude innombrable de parties indépendantes qui ſervent de barrieres à la mer, pourra bien réunir celles qui compoſent notre ſubſtance, & leur redonner leur premier mouvement, leur premiere ſenſibilité ; il ſuffira de rendre aſſez de ſuc à ces germes amortis (8). Or, venons maintenant au premier membre de cette hypotèſe, & ſuppoſons que l'ame fût compoſée de matiere, mais diſtincte du corps ; l'argument n'en reçoit que plus de force, & l'mmortalité de l'ame reste pareillement en sûreté ; si l'ame & le corps sont de deux espéces de matiere, dans la division, la dispersion des élémens de celui-ci n'emporte pas la dissolution des parties de l'ame, car la mort opére seulement la séparation des deux substances (9), donc le Créateur pourra donner une nouvelle fonction à celle-ci, & la rendre capable de peine ou de plaisir, comme elle l'étoit au tems de son union passagere avec le corps. C'étoit par un argument semblable, que l'Illustre Fénelon pressoit les incrédules. » Représentons nous, di-» soit-il, deux corps qui soient abso-» lument de même nature .... l'exis-» tence de l'un ne peut jamais prouver » l'existence de l'autre, & l'anéantisse-» ment de l'autre ne prouve jamais l'a-» néantissement du premier : quoiqu'on » les suppose semblables en tout, leur » distinction réelle suffit pour démon-» trer qu'ils ne sont jamais l'un à l'au-» tre une cause d'existence ou d'anéan-» tissement, par la raison que l'un n'est » pas l'autre ; il peut exister ou être » anéanti sans cet autre corps ; leur dis-» tinction fait leur indépendance mu-

» tuelle (10) », ainsi qu'ont avancé les incrédules, quelque chemin qu'ils aient paru faire, en voulant faire dépendre le dogme de l'immortalité de l'ame, de sa simplicité. Supposons que comme ces germes que les microscopes ont fait appercevoir dans les semences des fruits, nos ames existassent dans nous de la sorte, au tems de notre mort nos corps pourriroient; mais cette même corruption échaufferoit le germe, & l'être seroit reproduit de nouveau. Aussi, les anciens Peres de l'Eglise, Tertulien, Origene, Saint Augustin, se sont moins embarrassés de fouiller dans la nature de l'ame (11), que d'enseigner qu'elle étoit immortelle; *quel que soit ce sein* (d'Abraham) *où mon cher Nebridius repose*, disoit S. Augustin, *je sçais qu'il y repose pour l'éternité*; cela me suffit : C'est-là, (dans le Ciel) disoit encore S. Bernard en apostrophant S. Malachie, c'est-là, dans cet abysme d'éternelle charité, que vous êtes plongé. Oui sans-doute, les Peres s'occupoient moins de la nature de notre ame, que de la grandeur de son sort à venir. Les Payens même à qui la nature de cet ame étoit encore moins connue, comprirent cependant, qu'elle jouiroit d'une éternelle félicité. Et quelques Sçavans modernes (12) ont sûrement mis en avant une assertion qu'il leur est bien difficile de prouver, en disant, qne les fameuses Sectes des Philosophes du Paganisme, ont cru que les ames seroient enfin mêlées & confondues dans l'essence de la Divinité, où elles perdroient *leur sentiment propre*: Car (13), sans nous arrêter au célébre Socrate, dont c'étoit une des plus belles maximes, que les hommes étoient plus curieux du tableau des choses créées, que de leur ame *qui étoit l'image de la Divinité* (14), attachons-nous uniquement à Cicéron; car pour imiter la pensée de l'Illustre Bossuet sur Alexandre, au sujet du grand Condé, *il semble par une espéce de fatalité glorieuse*, à ce généreux Romain, qu'aucun Orateur, aucun Philosophe ancien ou moderne, *ne puisse recevoir des louanges s'il ne les partage* avec le grand génie des Anciens; & ses admirables écrits, seront comme l'éternelle balance où le monde pesera toûjours & l'antiquité & l'âge qui s'écoulera; or, Cicéron (l. 22 des Loix) dit, *celui qui sçaura se connoître, sentira qu'il a quelque chose de divin, & que son ame est en lui, comme une image de la Divinité dans un Temple vivant.* O belle pensée! pour un Payen (15), car il n'appartenoit qu'à la révélation, de nous apprendre que nous étions les Temples de la Divinité elle-même (*Dei Templum quod vos estis*); par conséquent selon Cicéron, l'ame n'étant que l'image de la Divinité, ne sera pas confondue en Dieu, comme une partie dans le tout. Il appelle encore l'ame, une *substance singuliere* (16); c'est également la pensée de Phlégon (17), *la mort*, dit-il, *menace également tout le monde, mais les ames ont une vie qui leur est propre*: donc point de mêlange dans l'avenir, ni confusion avec la Divinité. Or, tandis que toute l'Antiquité Sacrée & Profane ont regardé l'immortalité de l'ame, c'est-à-dire, sa durée pendant l'Eternité, comme indépendante de la question de sa nature (18), les incrédules oseront-ils toûjours assurer comme si certain, que le dogme de l'immortalité dépend absolument de la spiritualité de nos ames? Qu'ils écoutent un Auteur moderne: *Quoi, Dieu ne peut-il pas éterniser une ame, quelle que soit sa substance* (19)? Mais hâtons-nous de poursuivre une queſtion où la Religion peut ſi aiſément multiplier ſes triomphes. *Nos ames*, diſent les incrédules, *ſeront anéanties à la mort, ainſi nous n'avons pas d'avenir à redouter.* Or, cette nouvelle conſéquence eſt-elle encore bien juſte, & ne pourroit-on pas forcer nos Adverſaires dans ce nouveau retranchement? En effet, accordons-leur qu'ils doivent deſcendre dans le néant au moment de leur mort; mais quoi, Dieu ne pourra-t-il pas également y deſcendre avec eux pour les arracher de ce cahos, & les faire paſſer dans les abyſmes éternels? Ou même cette énergie de la nature qui nous fait vivre actuellement, & nous fait éprouver diverſes ſenſations, ne pourra-t-elle pas bien ſans aucue répugnance, nous rétablir dans notre premier état? Il ſuffit que la choſe ſoit poſſible, pour aſſurer qu'elle dût être, plutôt que de renverſer le dogme de la révelation (20). Mais ſuivons pied à pied les incrédules. Notre ame, pourſuivent-ils, ne ſurvivra pas à notre corps, à moins qu'on ne prouve précédemment par la raiſon, qu'elle eſt immortelle. Mais cette aſſertion eſt-elle aſſez vraie, pour que des hommes sages y puissent hazarder l'Eternité? Il nous paroît que non. Supposons en effet, que nous n'éprouvassions aucun désir de la vie future, que tous les *argumens de raison* nous manquassent pour prouver cette vérité; la question ne seroit-elle pas décidée, dès qu'il est constant que Dieu a parlé. Pour renverser ce dogme par le silence de la raison, il faudroit démontrer que l'ame a une tendance essentielle au néant: quel est l'incrédule qui ait jamais réussi à prouver ce point, ou qui même osât l'entreprendre? Et il semble que le sçavant & pieux Pic de la Mirandole, avoit conçu qu'on pouvoit avancer jusque-là avec les incrédules, lorsque rapportant (21) les disputes des anciens Philosophes Payens sur cette matiere; il ajoûte, que *ces dissentions nous obligent à rendre grace à J. C. qui a tant éclairci ce grand point.* Mais enfin, venons aux derniers retranchemens des incrédules, car il est beau de les voir faire cause commune avec les animaux. Nous avouons, diront les incrédules, que notre ame est simple, spirituelle, sans mêlange d'élémens, mais les animaux ont une ame également simple; ainsi comme leur ſort eſt de finir avec leur corps, ce ſera pareillement le nôtre. O Dieu des Cieux! quel contraſte des Anges rébelles, avec nos incrédules d'aujourd'hui; ceux-là, comme attachés à la chaîne immenſe de vos fiers attributs, s'efforcerent de monter, d'atteindre en quelque ſorte au ſommet entouré d'abyſmes de votre Divinité, & des hommes, vos images, deſcendent, ſe précipitent juſqu'au néant, pour ſe confondre avec les animaux! Mais quoi qu'il en ſoit de leur dépravation, préſentons-leur trois hypotèſes ſur les animaux, qui toutes trois ſuffiront pour les allarmer dans leur ſécurité (22). Dans la premiere, on peut décider la queſtion, ſans ſe donner même la peine d'entrer dans la nature des animaux; car les incrédules auront aſſez de ſincérité pour convenir que les animaux ſont une eſpece de créatures fort inférieure à la notre. Les hommes ſont ſucceſſivement parvenus à un haut dégré de perfection, & les animaux depuis tant de ſiécles, ſont toujours au même point. Ils n'ont pas plus d'eſprit aujourd'hui, plus d'intelligence, de ſagacité que du tems de Platon. L'ancienne Philosophie nous a transmis des tours aussi surprenans des animaux, que ceux dont nous informerons nous-mêmes la postérité. Les animaux ne montrent pas non-plus comme nous, des sentimens de Religion (23), des désirs d'une autre vie ; donc toutes les épreuves que nous pouvons faire sur eux, nous conduisent à croire qu'ils ne sont pas faits pour l'Eternité ; & d'ailleurs, puisqu'ils ne sont pas de la même espece que nous, voilà qui doit encore nous faire conclure qu'ils ne sont pas nés pour la même fin, car la fécondité prodigue du Créateur, a donné à chaque ordre de choses, une fin différente. Et que de dégrés, grand Dieu ! depuis l'hysope jusqu'à vous ! Mais entrons dans une seconde hypotèse, & consentons à fouiller dans la nature des animaux, & voyons si interrogés, si considerés de plus près, ils dévoileront à nos yeux les traits de notre essence. Ou l'on veut que leur ame soit matérielle ou bien spirituelle : si l'on veut qu'elle soit matérielle, elle sera sans doute détruite pour toûjours à leur mort ; mais non *à cause qu'elle aura été matérielle*, mais *parce-qu'aucune de leurs fonctions*, comme nous avons vû, *n'indiquent qu'ils ſoient faits pour l'Eternité.* D'ailleurs, que pourront oppoſer de ſolide les incrédules, lorſqu'on leur objectera que le bon plaiſir de Dieu, eſt de nous accorder une ſeconde vie après la mort, & qu'il n'a pas voulu l'accorder ainſi aux animaux? Enfin, admettons que l'ame des animaux ſoit ſpirituelle, car comme l'a bien remarqué Fabricius, de maniere à nous faire rougir, la curioſité inquiete & méchante de beaucoup de Chrétiens, leur a fait enfanter des opinions ſur les animaux, plus monſtrueuſes que celles des Payens (24). Et comme l'a dit encore très-judicieuſement depuis peu un Auteur, » lorſque quelques anciens » Philoſophes ont comparé l'homme » aux animaux, ils comptoient en l'aviliſſant, le faire rentrer en lui-même; ils ne s'imaginoient pas faire l'apothéoſe des ſiécles qui devoient les » ſuivre. La raiſon dont le Créateur » avoit pourvû l'homme, leur paroiſ» ſoit un tréſor aſſez précieux, pour que » l'homme n'eût pas beſoin de recou» rir à l'inſtinct (25). Mais en ſuivant donc les traces de M. de Crouzas (26), accordons que l'ame des animaux ſoit ſpirituelle,

ſpirituelle, accordons que tous les ſyſtêmes qui les font de pures machines, ſoient impoſſibles, il n'en ſuit encore rien contre le dogme de l'immortalité. Car que nous importe, quel que doive être le ſort des animaux, le nôtre n'en dépend nullement. L'Ecriture nous aſſure que nous regnerons éternellement avec Dieu ; & c'eſt ici que j'oſerois dire, *quand tout l'Univers s'écrouleroit autour de moi*, je ſerois tranquille ſur ma deſtinée. En effet, diſoit M. de Crouzas (27), *nous ſentons un vrai déſir de l'immortalité, ſçavons-nous ſi les bêtes l'éprouvent* (28) ? Et par conſéquent, pouvons-nous conclure qu'en cas qu'elles ſoient anéanties, nous le ſerons (29)? Mais d'ailleurs, ſçavons-nous bien certainement quelle ſera leur deſtinée ? On oppoſe bien que les bêtes ſouffrent, & que par conſéquent elles ont droit à une récompenſe après leur vie, ou bien que nous-mêmes, en vertu de nos ſouffrances, n'avons pas droit d'en eſpérer. Objection fameuſe dès le ſiécle de Saint Auguſtin, & tant de fois rebattue. Mais ſi les bêtes paſſent à un état plus heureux après leur mort quel qu'il ſoit, voilà la recompenſe à leurs ſouffrances.

***

Cependant disons mieux, les grandes preuves, à ce qui nous semble de notre immortalité, sont moins fondées sur ce qu'en qualité d'êtres sensitifs, nous éprouvons des maux, des souffrances, que sur ce que nous les endurons librement (30), & par conséquent avec mérite ; & encore de ce que les plaisirs que nous goûtons sur la Terre, ne nous dédommagent pas des maux que nous souffrons : au lieu qu'on peut supposer, & les incrédules ne prouveront jamais le contraire, que les animaux libres ou nécessités, trouvent dans les plaisirs de manger & autres semblables, une récompense qui égale, ou même excéde leurs douleurs, quelques fortes & multipliées qu'elles nous paroissent. Et par conséquent, la justice & la providence de Dieu restent vengées, car en suivant même la maxime de Bayle, *une objection est sans force quand on peut l'éluder par des hypotèses possibles*. Résumons donc en peu de mots, tout ce que nous avons dit, & montrons combien on peut accorder aux incrédules, & cependant venger le dogme de l'immortalité, en forçant les adversaires d'avouer que l'on peut détacher, isoler ce dogme de toutes les propositions de raison, qu'on met communément en avant, 1°. De quelque nature que soit notre ame, d'une substaance distincte ou non distincte du corps, les incrédules ne prouvent point que Dieu ne puisse la rétablir dans l'état où elle est aujourd'hui. 2°. Si notre ame pouvoit être anéantie, elle pourroit être reproduite; il n'y a pas plus loin du néant à l'être, que de l'être au néant (31). 3°. Quand aucune idée de notre ame, aucun sentiment de notre cœur, en un mot, quand rien de l'ordre des connoissances naturelles & finies ne nous apprendroit que nous sommes immortels, l'Ecriture suffisamment prouvée pour un homme sage, l'enseigne, & la raison doit se conformer au langage de la foi. 4°. Enfin, nous sommes en droit de bannir la question de la nature des animaux, de la Cause présente; car le frein que Dieu leur a mis, le Trône qu'il a placé entr'eux & nous, en nous faisant leur Rois, & mieux encore, peut-être le sentiment intime de notre cœur, nous apprennent qu'ils n'auront point avec nous le même sort.

ORAISON FUNÉBRE

DU PHILOSOPHE,

Prononcée à Paris dans le Licée.

Au nom d'ARISTOTE, de SOCRATE & de PLATON, Ainsi soit-il.

Si fractus illabatur orbis impavidum ferient ruinæ.

La chûte entiere de l'Univers n'eût pas ébranlé sa fermeté. *Ces paroles sont tirées des Poesies divines d'Horace.*

QUel vaste champ, offrent, Messieurs, à l'éloge de notre illustre Mort, les paroles énergiques de mon texte! Orné de tous les dons du génie, notre Philosophe parut aux yeux de l'Univers comme un astre éminent de l'Empire Litteraire. Puissant soûtien de la Philosophie, dès ses premiers instans que de coups méchans & redoutables n'écarta-t'il pas de dessus nous; les tempêtes ne s'élevoient sur lui que pour accroître sa gloire. Immobile rocher: si les flots inquiets en atteignoient audacieusement la cime, ils se briseroient honteusement à ses pieds, & n'y laissoient d'autre trace de leur violente fureur, que la fragilité de leur écume, *impavidum ferient ruinæ.* Le destin le fit naître pour donner des Loix de Sagesse à l'Univers ; mais l'Univers méconnoissant son nouveau Maître, refusa d'entendre celui qui vouloit y faire des heureux. Je m'abuse, Messieurs, l'Univers fut attentif aux sons vainqueurs de sa voix ; car ce n'est pas à cette populace immense, qui charge la Terre d'un poids de chair inutile, que je donne le nom précieux d'Univers ; ce n'est pas à ces masses d'esprit où la raison n'est qu'un être brut, une oiseuse captive, mais, à vous, Messieurs, qui formez sa plus chere partie, la seule noble, la seule distinguée, la seule digne de ce nom. Oui, Messieurs, vous seuls êtes l'Univers, tout le reste n'en est qu'une vile dépendance ; or c'est dans ce véritable Univers que parut grand notre Philosophe. Tous les esprits solidement vrais coururent se ranger autour de lui, se placerent au rang des plus modestes disciples, & reçurent avec un avide respect ses dogmes, ses leçons, ses Loix, ses oracles. Heureux si des lieux infects & obscurs où croupissoit le peuple des humains, dans l'ignorance & les tyranniques préjugés, il ne se fût élevé sans cesse de nouvelles nuées sombres & malignes qui ternissoient l'éclat de ce Soleil. Mais, Messieurs, vous ne l'ignorez pas, combien d'assauts & de traverses n'essuie pas la vérité. Sans cesse en butte aux traits de l'envie, nous y serons toujours exposés nous-mêmes par notre zéle & notre amour pour la réforme de la Terre. Avec quelle infatigable application n'y travailloit pas celui dont la cendre est aujourd'hui baignée de nos pleurs Que d'Ouvrages, de chef-d'œuvres, émanés de sa plume! Précieuses productions! la gloire de leur siecle, le ferme appui d'un Etat, le Catéchisme des hommes, l'étonnement de la postérité. Mais ô monde ingrat, que tu sçavois peu reconnoître tant de bienfaits! il fallut une fermeté d'ame telle que la sienne pour ne pas en être ému. Heureux don de force! qui s'est épanché, Messieurs, de lui en vous; & vous a mérité l'auguste nom d'ESPRITS-FORTS. Or c'est l'enchaînement de la force de son ame avec les plus insignes prodiges que je me propose d'exposer à vos regards. Objet auquel je m'attache avec d'autant plus de complaisance, que vous-même par la force infléxible de vos esprits, continuez de jour en jour à charger la face de l'Univers ; mais pour ne pas retarder la gloire qui doit naître à notre illustre Mort, des prodiges que la sagesse a opérés par lui, voici le plan qui partagera ce Discours. La force de son ame fut en lui le principe des plus sublimes & utiles découvertes : premiere partie de ce Discours. Ces mêmes découvertes furent le principe des plus rapides & heureux changemens dans la société, ce sera la seconde. Et telles sont les grandes idées que nous présente le tableau de Très-Haut, Très-Excellent, Très-Puissant & Très-Sublime Métaphisicien, Geometre, Astronome, Historien, Botaniste, Septique ANTOINE PHILOTOS.

O ineffable sagesse ! qui seule êtes l'appui de nos Licées, donnez à mes preuves une profonde solidité, à mes paroles l'énergie, à mon cœur la sensibilité, à mes Auditeurs un amour éclairé de la vraie Philosophie, & à l'illustre Mort, la recompense de transmettre sa mémoire jusqu'à la derniere postérité.

PREMIERE PARTIE.

L'aſſemblage, Meſſieurs, des talens qui compoſent le tableau de la véritable ſageſſe, n'eſt pas comme ces vils tréſors d'or & d'argent, qui presque toujours ſe détournent dans les canaux les plus abjects & les moins propres à les recevoir. La Philoſophie demande des eſprits faits pour elle, des eſprits mâles, entreprenans, ſublimes, au-deſſus de l'Univers, & plus encore au-deſſus d'eux-mêmes; je veux dire, au-deſſus des mouvemens timides de leur cœur; le reſte de la Terre & des hommes eſt pour elle un objet de rebut, *odi profanum vulgus & arceo*. Notre Philoſophe fut, Meſſieurs, du petit nombre de ceux qu'elle chérit, & par ſes rares talens il en mérita toute la plénitude. Prêtez-moi, chers Auditeurs toute votre attention; que de prodiges je vais mettre ſous vos yeux! *Favete linguis portenta non priùs audita*; je dis donc fermeté d'ame de notre Philoſophe, principe des plus précieuſes découvertes. Né avec le germe des ames paſſionnées, rien ne parut difficile à ſon infatigable application, Scrutateur profond de la Nature, il l'a montrée à nos regards avec des traits si différens de ce qu'elle paroissoit être qu'il mérita d'en être appellé le second Créateur. il en étudia les ressorts, la fit sortir de l'assoupissement où elle avoit resté comme plongée jusqu'à l'aurore de ce nouveau soleil, *Portenta non priùs audita.* La partie de la Nature où il fouilla d'abord fut lui-même. Il y découvrit une raison, l'essaya sur les connoissances faciles, ses jugemens lui parurent sûrs ; alors excité de plus en plus par l'ambition de connoître, il approfondit encore mieux ce qu'il étoit : que de précieuses découvertes sur lui-même ! Une ame où il n'apperçut que les élémens d'une matiere plus subtile que son corps, ce que j'appelle une nouvelle découverte, parce que cette même opinion toute absurde dans Epicure, a reçu de notre Philosophe un nouveau jour, & le dégré de vérité. Une ame encore, qui loin de se dégrader en se pliant aux mouvemens du corps, lui parut uniquement faite pour le servir. Telle qu'une mere tendre attentive aux moindres soupirs d'un fils unique dans le berceau, se fait un devoir d'amour & de justice de se prêter à toutes ses volontés : ainsi l'ame de notre Philoſophe unie au corps par les plus intimes liens, s'ouvroit également aux plus legéres comme aux plus vives impulſions qu'il en recevoit. Et mépriſant d'avoir ſes égards que le vulgaire nommeroit déférence, pour les ſentimens mêmes des anciens Philoſophes, mais ſentimens ſurannés & ternis par la pouſſiere du Licée ; il s'embaraſſoit peu qu'un d'eux eût prononcé qu'il étoit né pour de plus grande choſes, que pour aſſujettir ſon ame au commandement de ſon corps (*a*), l'amour de la vérité fait ſacrifier ce qu'on a de plus cher. *Amicus Plato magis amica veritas.* Les grands génies ſe ſuffiſent à eux-mêmes, & n'ont pas beſoin pour penſer & mettre au jour leurs découvertes, d'en montrer l'origine & l'appui dans l'antiquité reculée. Penétré de l'idée d'indépendance que lui donnoit ſa qualité de Philoſophe, il en conçut la dignité;&par conſéquent qu'il n'étoit pas ſujet à la loi populaire de croire parce qu'on avoit cru ; & loin d'ici cette lâche inertie de l'eſprit, qui pré-

(*a*) Ad majora natus ſum quam ut corporis mei mancipium fiam.

fére le parti de souscrire aux absurdités universelles à la gloire d'en percer la profondeur. Notre Philosophe sçut plutôt se résoudre à quitter les opinions de nos anciens, que de faire à lui-même l'insulte d'en adopter les sentimens contre sa propre persuasion. De là cet enchaînement de conséquences de la premiere découverte qu'il fit de la matérialité de nos ames : puisque l'ame n'est que matiere, nous ne devons pas la distinguer des esprits animaux, qui entretiennent la vie dans l'intérieur de nos corps ; donc, ajoutoit-il, puisque l'ame & le corps ne sont que d'une même nature, il seroit absurde de penser, que les passions violentes de celui-ci pussent ternir & choquer l'ame, se trouver en contradiction avec elle. Un même arbre ne porte pas deux especes de fruits : si quelquefois ils paroissent différens, ce n'est que sur l'écorce, & la plus legére anatomie a bien-tôt dissipé le préjugé. Ainsi tandis qu'un éblouissement de raison fait croire lâchement que les passions sont autant de désordres, la répugnance apparente de l'ame, autant de protestations contre ces mêmes mouvemens, notre Philosophe nous apprend que ce ne font là que des foupçons puériles, ou que c'eft tout au plus une infupportable fierté de l'ame, qui plus ornée que le corps, oublie fa propre condition; que loin de réprimer le corps par la modération, je dirois prefque, l'hypocrifie de l'ame; c'eft au contraire, Remarquez bien, Meffieurs, cette fublime doctrine, oui, c'eft au corps que l'ame doit être foumife; c'eft d'après lui qu'elle doit corriger & régler fes mouvemens; en effet, puifque le corps n'a ni langage propre, ni volonté, ni raifon; la nature feule, la divine nature parle pour lui. Et fi l'ame montroit encore de nouvelles répugnances, ce ne feroit que le refte onéreux d'une pédante éducation. Et voilà l'étrange déréglement, n'être que matiere, & vouloir s'élever au-deffus des penchans de la matiere. Suivons notre Philofophe dans fes profondes & de plus en plus précieufes découvertes. Si l'ame n'eft que matiere, elle doit fe diffoudre à la mort, comme il arrivera de notre corps. Oui, Meffieurs, ce decret de la nature vous femblera peut-être dûr: mais équitable dans fes loix, après nous avoir fait pendant fa vie fouverains des animaux, elle veut que nous-mêmes, soyons à notre tour dans le tombeau soumis à leur puissance & à leur voracité. Ainsi doux penchans vers les biens éternels, loin d'en établir ou même indiquer l'existence, vous n'êtes qu'ue illustre chimère, & une preuve convaincante des excès d'une injuste ambition. Oui, ce n'est qu'une audace effrenée qui nous fait envisager le Ciel comme une ultérieure & derniere patrie. *Audax Japeti genus*, dit le Poëte Lyrique des Latins : & remarquez ce qu'ajoute cet Auteur, que c'est être poussé par des mouvemens de folie que de prétendre à la jouissance du Ciel; *Cælum*, ha! pesez bien le sens profond de chacun de ces mots, *Cælum petimus stultitiâ.* Or pourrions-nous nous refuser à une autorité si claire & si formelle; car ce n'est pas des sentimens de la multitude (le dirions-nous mille fois, ce ne seroit pas encore assez,) ce n'est pas, dis-je, du sentiment universel, mais du petit nombre des Philosophes élûs que nous devons apprendre les secrets de l'Univers. Ce n'est pas d'après la maniere de penser des superstitieux de notre siécle, qui croient une éternité que nous devons penser nous-mêmes.

Mais remontons à des sources plus pures. Au siécle d'Auguste, le plus éclairé qu'eût jamais l'Univers. Horace nous apprend qu'ambitionner le Ciel n'est que folie, *Cælum petimus stultitiâ*. Cependant, Messieurs, si parmi les Philosophes d'aujourd'hui il en fut un plus que les autres dignes par ses travaux de jouir d'une éternelle félicité, ce fut sans doute, & je reclame ici, Messieurs, vos jugemens : oui, ce fut celui qui fait à ce moment l'objet de nos regrets ; Mais inaccessible aux préjugés, il sacrifia celui qui d'une gloire éternelle méritée, lui auroit fait conclure faussement qu'elle existoit. Il oublia son intérêt propre pour se rendre plus croyable en défendant ceux de la vérité, & nous montrant l'éternité comme une chimère. *Cælum petimus stultitiâ*. De-là, Messieurs, ces leçons de plaisir qu'il donnoit avec tant de zéle, & que chacun de nous recevoit avec tant de joie, de reconnoissance, d'admiration & de docilité. Oui, nous disoit-il, puisque l'ame n'est que matiere, peut-être notre corps devant finir demain, l'ame par conséquent alors aussi se dissoudra ; ainsi profitons, pour nous livrer aux doux penchans du plaisir, du moment précieux d'aujourd'hui *manducemus & bibamus cras enim moriemini*; ne perdons pas un seul instant du présent qui nous appartient, mais qui s'échappe *Cras enim moriemini*; chargeons avec profusion dès ce moment nos tables des animaux les plus délicats que fournisse la terre, des mets les plus recherchés, des parfums les plus exquis ; n'attendons pas que les vins acquierent de nouveaux dégrés de saveur & de bonté, nous les avons à présent en notre puissance: hélas demain nous ne serons plus, *manducemus & bibamus cras enim moriemini*; hâtons-nous, par les ressorts ingénieux de l'art, de presser l'existence, d'échauffer le germe des fruits; hélas nos jours moissonnés par la faulx de l'été, ne nous permettront pas de jouir des fruits de l'automne, *manducemus & bibamus cras enim moriemini*. Volons avec un empressement méfiant pour l'avenir, volons aux théâtres nous faire ravir par les accens victorieux de ces Syrennes, par l'énergique déclamation des ces Acteurs, par le son de ces instrumens mélodieux, changés en organes vivans : oui, ceux qui nous donnent ces spectacles seront peut-être demain dans le tombeau, *cras enim moriemini*; attirons la fortune vers nous par les moyens les plus puissans; secouons, je compte parler à des bouches discretes, secouons l'autorité onéreuse d'un pere, hâtons par un art déguisé la mort de ce parent qui nous a fait héritiers de ses biens. Si nous perdons un seul instant, peut-être n'aurons-nous eu que la mélancolique esperance de ses riches trésors, *cras enim moriemini*. Cependant, Messieurs, à l'égard des plaisirs sensuels & séducteurs, loin d'ici cette morale relâchée à laquelle se livrent les faux disciples du Licée; mais que proscrivoit sévérement notre Philosophe. Plaisirs funestes! qui rompant la digue de toutes les passions, les abandonnent à leur meurtriere impétuosité. Si notre Philosophe en permettoit de toute sorte, il entendoit toutefois qu'un usage moderé permît ceux du lendemain; un excès étoit à ses yeux un énorme crime, parce qu'il émoussoit le goût, dérangeoit l'harmonie du corps, alteroit la santé, & dès-lors bannissant le plaisir, donnoit entrée aux plus vives douleurs. Non, Messieurs, les disciples éclairés des jeux, des

des ris & des amusemens, ne doivent jamais être des victimes déchirées ni même touchées par le glaive invisible des médecins. Votre tempéramment ne peut-il supporter que la substance d'un mets parmi les colomnes de plats qui fatiguent sous leurs poids les marbres Gênois d'un salon de Financier? Ne portez vos vûes que sur ce mets, & à l'aide d'un vin exquis qui n'altere pas la raison nécessaire pour goûter le plaisir, portez-le rapidement de la main à la bouche, de la bouche lentement au gosier, & sans souci du gosier dans le fond de l'estomac; mais infâmes mille fois ceux qui pour préparer leur corps toujours à de nouveaux plaisirs imiteroient ce crapuleux Empereur des Romains & sa Cour, qui rappelloient par la premiere voïe les mets qui fermoient l'entrée à des seconds; les efforts qui accompagnent nécessairement ces viles opérations, causant les douleurs les plus aiguës, le vrai Philosophe bannit ces basses ressources du plaisir; la douleur est même pour lui un mal si fort à éviter, que plutôt que de goûter certains amusemens où viendroit enfin s'envelopper la douleur, il les évite, se retient dans l'état mitoyen entre les deux : état plein de douceur & de sérenité, & pour ceux qui ont les hauts principes de la Philosophie, le comble & le faîte du plaisir. Or c'est, Messieurs, par cette épreuve de pénitence & de frugalité; car la Philosophie a ses ames mortifiées, que doivent passer nécessairement ceux qui veulent avancer dans cette science; mais épreuve, sans doute, qui loin d'altérer la fraîcheur du visage & la constitution de tout le corps, conserve nécessairement l'un & l'autre dans la molle pesanteur de l'embonpoint. Vous n'êtes donc que des disciples apostats du Licée, vous dont le front & les yeux, au scandale universel, jettent des flammes qu'avoient nourries d'abord & cachées dans le cœur les fumées épaisses du vin; scandale, qui par lui-même ne seroit pas un crime, mais il flétrit votre réputation, douleur sensible pour l'ame; suppose en vous une habitude brutale qui vous fait pécher énormément contre le plaisir, en vous ôtant la puissance de le sentir à l'avenir. Vous n'êtes que des disciples apostats du Licée, vous qui tous les jours réguliérement suivant trois & quatre ſpectacles , vous raſſaſiez de ces amuſemens, & après quelques mois ceſſez de goûter un plaiſir que le vrai Philoſophe doit ſe conſerver juſqu'au tombeau : Vous n'êtes que des diſciples apoſtats du Licée, vous qui laiſſant dans la pouſſiere & l'oubli d'une bibliotheque de faſte ces habiles commentateurs d'Epicure, qui vous apprennent à peſer ſans ceſſe la peine & le plaiſir, & à ne pas vous décider pour celui-ci, s'il vous faut vaincre trop d'obſtacles, ou eſſuyer les ſuites fâcheuſes de trop de maux, vous trouvez à la fleur de vos jours avoir vêcu cent ans philoſophiques. Non ces principes ne ſçauroient s'accorder avec ceux que nous donnoit l'illuſtre Mort ; mais ſi quelques diſciples ont abuſé de ſa doctrine, pour s'égarer dans le plaiſir, adouciſſons, Meſſieurs, notre douleur par la multitude de ceux qui ſe ſont formés de dignes mœurs ſur ſes leçons : Conſolons-nous par l'admirable changement qu'a opéré dans notre ſiécle l'efficace & la force de ſes enſeignemens : c'eſt l'objet de mon ſecond point.

SECONDE PARTIE.

Ce seroit sans doute, Messieurs, un digne objet de nos recherches de sçavoir pourquoi la Philosophie, telle que nous l'avons déja définie dans ce Discours, faisant seule le vrai bonheur des hommes, n'a eu pourtant un regne florissant qu'après l'écoulement de tant de siécles, & dans celui seulement où nous vivons. Nous n'en sçaurions trouver, Messieurs, d'autre cause, que l'amour insatiable des connoissances naturelles, qui de nos jours étant heureusement devenues le seul objet d'étude de la plûpart des hommes, leur ont fait oublier enfin les préjugés de nos peres, ont détourné leur attention des voutes immenses placées sur nous, & sur lesquelles ne doivent pas se porter des regards aussi bornés que les nôtres. D'autre cause, Messieurs, que cet inflexible & louable desir dans ceux qui creusent les sciences, de voir tout, de tout percer à l'aide du flambeau de l'évidence ignorant, ou faisant semblant d'ignorer tout ce qu'il n'éclaire pas. D'autre cause que ce principe lumineux de ne pas admettre de faits contre la voix maîtresse des penchans. D'autre cause que cette sûre méthode par laquelle nous enseignons notre doctrine ;instruire l'esprit, mais en même-tems faire mettre en pratique les principes,c'est-à-dire, éclairer l'entendement, mais échauffer aussi le cœur par le plaisir qui fait l'objet de ces leçons; & si la pratique est une voye si facile, pour faire avancer à pas de Géans dans toute espéce de science, combien plus l'est-elle dans la Philosophie, lorsqu'on s'arrête à chaque pas pour attendre le plaisir & le faire gouter. De ces princîpes, Messieurs, présentez sous un beau jour par notre illustre Philosophe, est né le changement que nous admirons aujourd'hui. car c'est à lui que nous devons l'extinction des préjugés, hélas! nous ne concevons pas que le monde ait pû rester si long-tems courbé sous de si lourdes chaînes, quoiqu'il est vrai que dans les siécles reculés il se trouva des hommes tels qu'Epicure, Timocrate, Zenon, Anaxarque, Pyrrhon & quelques autres qui jetterent des rayons de vérité sur la terre; mais encore n'étoit-ce alors que des tems de figure; il étoit reservé à nos jours d'y voir la vérité dans toute sa splendeur. On avoit cru jusqu'à nous, la terre un ouvrage arraché par une main Toute-puissante au sein stérile des ténébres ; mais ces ténébres, Messieurs, n'étoient que dans l'imagination des hommes. Notre siécle en proclamant éternelle la nature, a réparé l'outrage qu'elle avoit reçu, il l'a réparé, en regardant comme son seul ouvrage, tout ce qui vit & repose dans l'Univers. De-là, Messieurs, la réformation de cet abus de porter des vœux à un Eternel qu'on ne connoît pas : celui-ci, qui tant est grande l'audace des mortels, quand même il existeroit, ne se seroit pas suffisamment soustrait à leur importunité, en se dérobant pourtant à leurs regards. Mais ne déclamons pas contre la crédulité, le nombre des hommes pensans a obtenu enfin du siécle ce triomphe, d'abolir le préjugé qui faisoit du culte un devoir essentiel : & vous voyez, Messieurs, avec admiration combien le monde s'est corrigé sur ce point. La Religion, béni soit le destin ! n'est plus qu'une cérémonie d'éclat, un frein pour le peuple, une décoration pour les grands, une ressource & une force d'état, au moins pour le nombre d'Ecclésiastiques sensés qui pensent comme nous. Or, quiconque paroissoit autrefois dans la société sans avoir, par exemple, rempli les devoirs annuels de la Religion, étoit regardé comme un objet d'anathême, comme un infâme qu'on ne pouvoit aborder sans deshonneur ; aujourd'hui la force d'esprit, la douceur dans le commerce de la vie suffisent pleinement pour en faire des objets chers à la société. L'assistance dans les Temples, aux jours de Fêtes, étoit dans les siécles obscurs de nos bons Aïeux, un devoir essentiel & sacré de la Religion ; ils sont aujourd'hui les théâtres d'un spectacle gratuit, des rendez-vous à l'abri de soupçon, d'agréables échos, des lieux ou la decense attire les Grands, où le Riche va seulement pour donner à ses Laquais, l'hypocrite exemple d'une Religion qui prescrit l'obéissance & répudie le vol : où le Laquais vicieux & superficiellement lettré se laisse traîner rapidement à l'ombre du char orgueilleux de son Maître, pour ne pas perdre la place chérie d'une tyrannique & assoupie oisiveté. O admirables changemens ! Autrefois les moindres paroles équivoques dans la bouche des perſonnes du ſexe étoient des crimes, les outrages à leur pudeur autant de ſacrileges contre leur plus chere vertu, la rupture du lien conjugal un prodige inoui. Ha que la terre a changé de face! Autoriſez, Meſſieurs, mon ſoupçon notre ſiécle n'eſt-il pas le premier d'un nouvel Univers? La décence des mœurs eſt ſur les lévres d'une mere, le feu ſacré de la nature eſt dans ſon cœur; les ſons d'*innocence*, de *vertu*, d'*amitié*, rempliſſent harmonieuſement un vers, la voix des penchans s'exprime éloquemment par toutes les bouches. Dans les ſiécles ignorans qui nous ont précédé, les hommes crédules croyoient qu'il exiſtoit en eux une conſcience. O quel biſarre phantôme! Ils diſoient ſentir des remords, quelle illuſion! Ils croyoient devoir ouvrir leur cœur à l'amour d'un pere, d'une mere, d'un ami; aujourd'hui l'on reconnoît qu'on ne doit rien qu'à *la nature*, & comme elle eſt ſourde & muette, on ſçait enfin qu'on eſt *interieurement* exempt de tout devoir: mais qu'on doit ſeulement par décence, pour l'utilité de retenir les hommes en corps de ſociété, & pour ne pas autoriſer des parens à rejetter & expoſer leurs enfans nouveaux nés, on doit, dis-je, montrer exterieurement de l'amour à ses proches, de la fidélité à ses amis, une exacte justice aux inférieurs, de la déférence à ses égaux. Or, Messieurs, ce prodige de changement dans notre siécle, cette différence de nos Peres à nous, vient de la maniere dont l'on descend aujourd'hui dans le tombeau. Ceux-là dilatoient leur ame à une joie chimerique, ou craintifs, resserroient étroitement dans leur cœur le poignard de la douleur. De nos jours, tous ces mouvemens proscrits du monde, sont bannis dans les Cloîtres, les Communautés de bons Prêtres, les cabanes lacérées de Berger. Le monde sçait triompher jusqu'à ce dernier moment. L'appartement d'un mourant est aujourd'hui une tour inaccessible aux noirs Ministres de la Mort. Le tombeau n'est plus envisagé qu'avec sérenité : on meurt parce qu'on a vêcu, sans appréhender faussement qu'on doive revivre, & l'on s'appuie sur cet invincible raisonnement, que la Nature comme les secondes meres qu'elle nous a données, ne nous enfante qu'une fois. Voilà, Messieurs, les prodiges du siécle. Il est étonné lui-même d'un si heureux & rapide changement *miratus est orbis*. Mais autant qu'il en fait la solide félicité, il releve, Messieurs, votre gloire, & celle de notre illustre Mort. C'est à vous que sont dûs tant de chef-d'œuvres ; & à qui d'ailleurs, pouvoit appartenir de réformer le tableau vicieux de l'Univers ? Soutenez, soutenez, Messieurs votre ouvrage, sa décadence feroit élever contre vous le sang de notre illustre Mort. La terre modere sa douleur, parce qu'elle croit l'entendre encore par vos bouches. Multipliez avec ce zele véhement qu'inspire la vraie Philosophie, ces volumes abbrégés, qui à peine ouverts montrent la vérité. Attirez sur tout à vos Ecoles cette Jeunesse précieuse, qui plus docile que les esprits de l'âge mûr, saisit avec d'autant plus d'avidité vos leçons, que leur cœur tout de feu leur prêche en même-tems fidélement votre doctrine. Redoutez peu les persécutions & les tempêtes qu'un Monde murmurateur éleve sans cesse contre vous. Les oreilles, & les fronts des Philosophes doivent être d'airain. Et souffrant qu'ici, Messieurs, je ranime tout mon zèle : Regardez, oui regardez comme les plus flateurs applaudissemens les clameurs & les sifflemens de la multitude, *populus me sibilat hoc mihi plaudo.* Si de faux Sages & ceux qui les suivent aveuglément, nous reprochent de ne pas les satisfaire sur la formation de l'Univers, la fécondité de la terre, l'organisation harmonieuse des corps; méprisons de telles censures, pouvons-nous donc unir le tableau du ciel & de la terre dans un aussi immense éloignement? Conjecturer sur ce qu'on ne voit pas, s'appuyer sur des faits, est contraire un vœu que fait tout Philosophe; & à cet égard les dérisions de la multitude crédule, doivent être pour nous un sujet d'applaudissement, *populus me sibilat hoc mihi plaudo.* S'ils nous reprochent de lesconfondre, avec les animaux, de n'accorder à l'homme qu'une configuration différente, quoique l'esprit, la raison & la voix semblent distinguer essentiellement, & caracteriser celui-ci : Qu'ils rappellent, ces ingrats, que la voix des Philosophes nos Ancêtres & les leurs les a retirés eux-mêmes du fond des bois, qu'ils y rampoient originairement; que des guerres soufflées par la difcorde peut être un jour les y dissiperont ; que les Lions, les Aigles & les Tygres viendront peut-être un jour les chasser de leurs Palais pour s'y établir à leurs places, que si les Rois à la tête de leurs légions s'opposoient à leurs progrés, les animaux alors s'armeroient comme les hommes originairement se sont armés : & si le peuple enfin se joue de tels oracles, ses moqueries seront pour nous des applaudissemens, *populus me sibilat hoc mihi plaudo.* S'il nous reproche de priver les Peres du respect qu'ils croyent leur être dû par les enfans, de laisser les Grands sans consolation dans leurs ameres disgraces, d'inonder la terre de crimes, d'ouvrir les portes à la débauche, de supprimer les gardes de la décence & de l'honneur, qu'il lui plaise de donner à toutes ces choses de nouveaux noms, & s'il se rit de nos conseils, que ses sifflets soyent pour nous des trompettes de Renommée, *populus me sibilat hoc mihi plaudo.* Si des Censeurs inquiets nous reprochent que depuis le regne florissant de la Philosophie, l'amour de la Patrie s'est refroidi dans les cœurs, l'insatiable intérêt devenu le mobile de tout, les anciennes idées taxées de préjugés, la contagion portée par les jeunes gens, aujourd'hui tous Philosophes, de la Capitale dans les plus distantes Provinces; que ces hommes ayent assez de courage pour arracher d'eux le germe vicieusement fécond des anciennes opinions. Si les Peres ont donné le jour physique à leurs enfans qu'ils ne dédaignent pas de recevoir de ces mêmes enfans le jour serain & lumineux de la Philosophie, qu'ils s'instruisent d'après eux, & si le spectacle d'une telle école excitoit le peuple à se moquer, que ses ris insultans soyent pour nous un sujet de triomphe, *populus me sibilat hoc mihi plaudo.* S'il nous reproche de poser nos principes contre l'autorité d'une ancienne & vénérable Religion, de n'opposer que quelques Auteurs à la chaîne, dit-il, des grands génies issus de siécle en siécle du sein de cette même Religion; qu'il apprenne que la vérité est l'appanage du petit nombre, que les grands hommes s'estiment au poids de leur génie & ne se comptent pas, & si par des cris railleurs, il nous disputoit encore la victoire, que ses cris nous soyent des applaudiſſemens, *populus me ſibilat hoc mihi plaudo*. Enfin ſi par un dernier effet d'un mélancolique chagrin, des ſcrupuleux nous accuſoient qu'au lit de la mort, nous laiſſons les ames dans la plus cruelle perplexité, que nous n'avons pas tellement deraciné les remords pendant la vie, qu'à ce dernier moment ils ne ſe réveillent avec plus de violence; que l'ame détachée peu à peu des liens de la chair, croit entendre crier de toutes parts l'exiſtance d'un Dieu, de la voix des flots qui ne s'élancent pas par leur propre puiſſance, de celle du tonnerre qui ne gronde pas de lui ſeul, de celle des torrens, des fontaines, des fleuves, qui ne ſe ſont pas creuſés des ſources, de celle des poiſſons, qui ſans un ordre ſuprême ne ſe fuſſent pas reſſerrés dans les bornes humides d'un ruiſſeau. S'ils nous oppoſent encore que tout leur annonce une autre vie, l'aveu mortifiant que rien ſur la terre ne les a raſſaſiés, l'état obſcur des Pauvres & de beaucoup de Citoyens qui reſtent juſqu'à la mort ſans la moindre récompenſe ſenſible, tandis que le Riche, qui pour vertus n'a que des crimes, est heureux jusqu'au tombeau. S'ils nous opposent l'ignorance de tant de morceaux de la Nature, qui n'étant faits que pour l'homme, doivent donc en être connus, & puisqu'ils ne l'auront pas été sur la terre, lui être découverts dans la plénitude de l'avenir. S'ils nous opposent enfin qu'une vie future leur est clairement attestée par le témoignage exprès des Ecritures, dont l'authenticité surpasse mille fois celle de l'Histoire Profane, le plus universellement reconnu. Par quelles fortes raison les encouragerons-nous ? Laisserons-nous lâchement ces disciples sans aucnne sorte d'appui dans l'instant du plus violent combat ? O Ciel quel sombre nuage vient se former sur le Licée! Messieurs, le respect que j'ai pour vous, l'amour qui m'attache à notre doctrine me font fremir sur la pensée qui déchire mon ame, mais la force victorieuse de la vérité m'entraîne contre mon gré. Oui, *tu triomphes Galiléen* ! mourants, vous êtes notre écueil. Nous, cruels, ouvrons vos playes sans les fermer, guérissez-les, si vous pouvez, nous n'avons pas le remède ; mais pendant que vous êtes ſur la terre, chargez de chaînes vos paſſions, & étudiez la vérité.

Et mentita eſt iniquitas ſibi.

DISCOURS

ADRESSE' PAR L'AUTEUR

AUX PHILOSOPHES

DE SON SIÈCLE.

NOus croyons qu'il manqueroit une partie essentielle à ce petit Ouvrage, si nous le terminions sans adresser nous-mêmes la parole à ces illustres Philosophes, dont l'élevation dans le génie, la profondeur dans les sciences naturelles, jettent sur notre siécle un éclat que n'ont pas eu beaucoup de siécles qui nous ont précédé, & que nous envieront les âges à venir. Notre premier objet dans ce Discours est de leur temoigner combien nous avons ressenti de douleur de les exposer au trop grand jour, en montrant le poison de leur détestable doctrine, dont la contagion s'est répandue dans la partie la plus nombreuse, & peut-être la plus noble & la plus illustre de la société. Qu'ils daignent recevoir nos excuses, comme l'hommage le plus profond d'honneur

& de respect que nous rendons à leurs talens, précieux dons de la Providence & du Ciel; mais le zele dont par la grace du Très-Haut, nous sommes animés pour son auguste & sainte Religion, nous en imposoit la loi, & nous a même encouragé à mêler nos foibles accens à la voix puissante des Ecrivains, dont un zèle plus savant consacre de nos jours d'excellens ouvrages à la Religion. Pour nous, dont les modiques lumieres auprès des vôtres, illustres Philosophes, ne sont pas même ce qu'offre un leger nuage en comparaison de l'astre du jour, nous nous garderions bien de prendre encore ici les armes contre vous, si nous pensions ne pouvoir fournir à ce combat que de nous-mêmes; le génie pénétrant qu'un Dieu prodigue vous a donné, & qui orné des plus abstraites sciences est également capable de toutes, seroit sans doute un rampart impénétrable à nos timides coups, mais c'est vous-mêmes, & la religion que nous voulons vous opposer: Religion redoutable, & qui ne porte pas ses coups en vain: Religion qui dès sa naissance s'est répandue plus rapidement dans le monde que l'éclair & le son de la foudre n'atteignent aux deux extrêmités de l'Univers ; que nous ne possederions plus, si ses premiers Apôtres aussi lâches que nous ne se fussent consumés de peines & de travaux pour nous en transmettre la doctrine : Cette Religion, Messieurs, que d'intrepides Martyrs ont portée sur les flots de leur sang à vos premiers Ancêtres, que ces mêmes Ancêtres que vous honorez avec tant de justice, ont cherie comme leur bien le plus précieux, par les principes de laquelle ils ont tendrement aimé ceux qui plus ou moins immédiatement vous ont donné le jour ; Religion qu'ils ont cru vous transmettre en héritage, afin qu'elle bénît les autres biens qu'ils vous laissoient; avec laquelle ils ont pensé vous rendre heureux, quoique peut-être dans l'impuissance de vous transmettre d'autres biens ; cette Religion aux pieds de laquelle un vœu secret ou solemnel leur a peut-être mérité pour récompense votre Naissance ; à ces Ancêtres, dis-je, qui pour mourir dans des bras qui leur fussent plus chers, ont serré d'un même embrassement & la Croix & vous-même ; Religion charitable, qui ne pouvant supporter le moindre délai, ni la plus legere atteinte à l'amour tendre dont brûloient pour vous ses entrailles sacrées, vous a prévenus, a volé vers vos berceaux vous arracher au sein des larmes & des gemissemens, pour vous purifier dans les eaux du Baptême. Qui craignant de ne pas vous multiplier ses prodigues faveurs, autant que les sollicitoient ses désirs, a voulu que ses plus graves Ministres se mêlassent presque aux yeux de votre enfance, pour verser dans le fond de vos cœurs le lait de sa doctrine, y fasse croître avec vous la vérité; Religion qui vous réclame, vous conjure, par ses premieres tendresses : qui pour prix de son amour vous demande & sollicite le vôtre : qui presque indifférente sur les hommages encore fréquens, que grace au Ciel elle reçoit de tous les coins de l'Univers, ne sera pourtant couverte que de voiles de deuil, tant que vous la priverez d'un cœur sur lequel elle a droit de prétendre (*a*); Religion qui vous rappelle à son berçail, par la voix des

---

(*a*) Rachel plorans filios suos & noluit consolari quia non sunt.

Pauls, des Polycarpes, des Justins, des Irénées, des Origenes, des Tertulliens, des Cypriens, des Chrysostomes, des Athanases, des Hilaires, des Basiles, des Lactances, des Jeromes, des Augustins, des Ambroises, des Leons, des Gregoires, des Bernards, des Bossuets, des Fenelons, le tems manqueroit pour remplir une si digne chaîne; mais Messieurs, tous ces grands hommes ne sont plus, & le crime affranchi de ses liens se répand avec audace & impunité; la Religion s'allarme des ses playes, gémit sur tant de malheurs: & aptès le ferme appui de ses Pontifes, ses Docteurs, c'est vos plumes, Messieurs, qu'elle réclame, & n'a-t-elle pas droit de chercher des défenseurs où elle s'est menagée des esprits d'une raison forte & élevée? Qui doit écrire pour sa défense, si ce n'est des génies nés pour approfondir? Vous rendez nobles par les traits de vos pinceaux des objets chimeriques, & les plus vils: Que de noblesse & de grandeur ne répandriez-vous pas sur les augustes vérités de la Foi; la Religion, Messieurs, vous appelle à ses triomphes, elle adoptera même les vôtres pour les ſiens. Rendez-lui des hommages, ils lui ſeront chers, & alors à la vûe moi-même d'un objet ſi touchant, j'oſerai preſque m'écrier comme Dioclés au ſujet d'Epicure, que je vous compare pour ce que les Sages admirérent en lui : *Quelle fête, quel ſpectacle pour moi ! Je ne vis jamais mieux la grandeur* du Dieu du tonnerre, *que depuis que je vois* d'illuſtres Philoſophes *à genoux*. Je regrette, oui, Meſſieurs, tous les jours, que des réputations comme les vôtres, méritées quand l'objet eſt legitime, mais toujours toutes prophanes ne doivent pas paſſer un certain nombre de ſiécles par le changement, que les âges éprouveront pour le goût : voulez-vous donc que votre réputation, comme il ſeroit juſte, parvienne à la poſtérité la plus reculée ? Gravez-là dans les faſtes inaltérables de la Religion. Victorieuſe de tant d'aſſauts ſoutenus pendant 18 ſiécles, de la rage des tyrans, des objections de Celſe, des ſubtilités de Porphire, des extravagances de Julien, des emportemens de l'écumante Héréſie : Croyez ſur l'invincible preuve du paſſé, qu'elle percera les plus ſombres nuages de l'avenir, qu'elle y vivra, vous vivrez avec elle, vous en avez le choix. Si la main du Tout-Puissant grave vos noms dans les Annales des races futures, quelle main osera les effacer ? Si sa bouche les publie, quelle nuit profonde des tems pourra les faire oublier, les engloutir ? Ceux des Corneilles, des Racines, des Lamoignons, des d'Aguesseau, sont chers à la Religion. R fuseriez-vous de parer vous-même un si riche tableau ? Changez d'objet, dévouez à la gloire de Dieu, ce que vous faites pour captiver les suffrages du monde, & dès-lors j'apperçois en vous de bien beaux titres pour y être placés. Consacrez à la Religion des travaux & des talens que le monde ne sçauroit récompenser dignement ; vous êtes faits pour de plus grandes choses. Dieu, en vous plaçant audessus du vulgaire, s'est réservé le droit jaloux de vous récompenser : Daignez donc, Messieurs, rentrer dans le sein de la Foi, consolez la Religion qui pleure amèrement votre perte ; défendez l'Eglise aujourd'hui lacerée de toutes parts : les sûres victoires que vous remporterez, les enfans que vous lui gagnerez, les trésors de son sein, les biens éternels feront le prix de vos glorieux travaux. Si vous fapez les Temples du défordre & de l'incrédulité, la cabale des impies voluptueux n'en ofera pas relever les ruines ; cette troupe d'aveugles ne s'abandonne aux plus déplorables excès, que parce qu'elle voit à fa tête des hommes que diftingue leur efprit. Le Ciel vous a donc commis, Meffieurs, une partie des intérêts de fa Religion, votre conduite apprendroit affez que le joug de fa morale eft doux, que vos leçons faffent goûter fa doctrine toute fublime. Ne fouffrez pas enfin que la Mort tranche & engloutiffe vos pénibles travaux ; appuyez-vous fur la Religion, afin qu'à ce dernier moment elle puiffe vous offrir une éternelle couronne. Gravez dans vos efprits l'agitation, les remords, les frayeurs, & le trouble qu'effuye le cœur à cet inévitable moment, & vivez dès aujourd'hui comme tant d'hommes alors conviennent qu'ils voudroient bien avoir vécu.

Notes de la Dissertation sur l'Immortalité de l'ame, pag. 116.

(1) ENcyclop. des pensées. 1761.

(2) Voyez *Fabriccius. Delectus argumen. & Syllabus scrip. pro veritate Relig. Christ.* in 4°. *Hamburgi. p.* 421. Voy. Le Traité de la spir. & l'immort. de l'ame. 3 vol. *in* 12. pour servir de Suppl. à la Relig. vengée. L'Auteur y a renfermé toutes les grandes preuves de cette vérité.

Bayle convenoit que la nouvelle Philosophie avoit donné de fortes preuves de l'immortalité de l'ame.

Dict. Critiq. au mot Charron.

(3) Fenel. Lettres sur la Relig.

(4) Biblioth. raisonnée. Extrait de l'examen du Pyrrhon. de M. de Crouzas.

Puisque c'est la premiere fois que l'occasion se présente de parler de M. Bayle, qu'on me permette sur lui, cette expression de mes sentimens : C'est que jamais Auteur n'a plus humilié ma raison, mais aussi (quoique quelques personnes auront peine à le croire) jamais Auteur ne m'a plus affermi dans la Religion Chrétienne. En effet, tandis que ce persécuteur de mon entendement, ce monstre de science, ce Néron de la raison humaine se déchaîne contre moi, pour arracher de mon ame toutes ses lumieres, pour me chasser, me bannir de toutes les sciences ; au milieu du furieux combat qu'ils me livre, je ne trouve guére dans ma fuite d'autre azile tranquille, que la ſcience de la Religion, ſi ſolidement affermie, ſur un petit nombre de faits. Et quant aux Incrédules éclairés qui liſent Bayle, je ſuis convaincu qu'ils ne puiſent dans ſes écrits, que des idées affligeantes & chagrines, qui très-ſouvent leur font perdre la tranquillité de l'ame pour tout le reſte de leurs jours. Bayle lui-même, avoit ſenti le cruel coup qu'il avoit porté à ſa félicité; lorſqu'il diſoit, au milieu de cette violente agitation où le jettoient ſes ſophiſmes: Heureuſes ces ames vulgaires, auxquelles on n'a jamais fait naître de doute ſur la Religion!

(5) Bayle au mot Dicéarque; c'étoit un fameux Philoſophe, Diſciple d'Ariſtote.

(6) *Servare te potui perdere an poſſim rogas.*

(7) Bayle, ibid.

(8) Il paroît que Socrate (voy. le Phædon de Platon.) avoit à peu près conçu cette idée; car il concluoit de ce que des êtres meurent, qu'ils pouvoient réſuſciter. Or, ſa concluſion ne pouvoit guéres naître que du principe ci-deſſus.

(9) Séparez deux corps, dit Fenelon, vous ne détruirez ni l'un ni l'autre. Lettre ſur la Relig.

(10) Lettres ſur la Relig. Paris 1728. pag. 70. Il n'y a pas encore un an que j'aſſiſtois à une diſcuſſion Philoſophique ſur cette matiere, où un habile Métaphiſicien montra pareillement avec beaucoup de force, combien le dogme de l'immortalité de l'ame

étoit indépendant de cette question, *si l'ame est matérielle ou ne l'est point.*

(11) On a fort agité la question de la croyance des premiers Peres sur la nature de l'ame ; mais les Incrédules n'ont point à se prévaloir de la maniere obscure dont ils en ont parlé. Une vérité n'est point éclaircie par l'Eglise dans un tems, qui, dans un autre, est fixée par l'exposition claire du dogme. Il ne s'agit pas de sçavoir ce que les Peres ont pû dire de l'essence de l'ame ; l'importante question, c'est qu'ils l'ayent crue immortelle & destinée pour l'Eternité, où elle *ne doit pas se confondre dans l'essence de Dieu.* Or, voilà ce qu'ont cru & enseigné tous les Peres. Cette question est agitée dans Bayle, dans l'Encyclopédie, ici à l'article de l'ame.

(12) Encyclopédie. artic. de l'ame.

(13) Il seroit assez inutile, vû le plan que nous nous sommes proposés, de discuter ici le sentiment des Peres & des anciens Philosophes sur la nature de l'ame, & sur la maniere dont elle jouira de la beatitude derniere. On trouvera cette question traitée avec autant d'étendue que d'érudition, dans l'Ouvrage du P. Hayer *De la spiritualité & l'immortalilé de l'ame*, avec *le sentiment de l'Antiquité.* Tom. II. Depuis environ le milieu du vol. jusqu'à la fin, & Tome III. depuis la pag. 273. jusqu'à la pag. 394.

(14) Si l'ame n'étoit que l'image de la Divinité, elle n'en étoit donc pas une portion, & par conséquent ; elle ne devoit pas s'y réunir comme une partie à son tout.

(15) Tout le morceau qui suit est admirable.

(16) *Singularis natura.* Hist. Liv. premier. 24.

(17) Phlegon. *Lib. de mirab. pag.* 29. *Omnes mors manet ast animarum propria vita est.*

(18) Pour prononcer sur cette question avec plus de lumieres, on peut voir, *Plato in Phædone & oxiaco. Plotinus* 4. 7. Aristotel III. 5. *Plutarchus de placitis Philosophorum. Jamblicus Lib. de Mysteriis Egipt.* Le fameux Ouvrage, *Franc. Collii de animab. Pagano.* La vie de Socrate, traduite de l'Anglois. Amst. 1751. L'Auteur y fait voir que les doutes de Socrate ne tomberent point sur l'assertion d'un bonheur à venir & *personnel*, mais sur la maniere dont on goûteroit ce bonheur, sur la justification de Cicéron, pour son fameux passage dans l'Oraison pour Cluentius, Voyez les Commentat. dans l'Edit d'*Isaac Verburgius.* Tome I. p. 451.

Bayle dit à ce sujet : On auroit le plus grand tort du monde, de conclure de ce passage, que Ciceron ne croyoit pas une autre vie. T. I. seconde part. p. 427. édit. 1697.

(19) Lettres Philiosoph. sur Locke.

(20) Jean Titelman, que M. Bayle a cité avec éloge, dit dans son Abrégé de la Philophie Naturelle Chap. II. Liv. 8. pag. 242. que la génération est plus incomprehensible, que la Création. S. Chrisostome fait un pas de moins, mais sa pensée est bien

noble : il dit, que la vertu des mêmes paroles qui firent sortir les êtres du néant, opére encore chaque jour la naissance de tout ce qui vit. *Vox crescite semel quidem prolata est ; omni verò tempore naturæ nostræ vim præbet ad filiorum procreationem.*

S. Chrisost. Hom. 13. *in prod. Judam.*

(21) Pic de la Mir. *Lib. I. De vanitate Genti.* c. 14.

(22) Nous ne prétendons pas traiter le fonds de cette question ; ce seroit *vouloir répépéter*, disoit il y a quelque tems, le Journal des Sçavans, (Mars 1761) ce qu'on trouve dans une infinité d'ouvrages publics.

(23) C'est en ce point, que l'Encyclopédie place la différence entre les animaux & les hommes. Voy. *Ame des bêtes.*

Rousseau dans son Discours sur l'inégalité des condit. traite aussi de cette différence.

(24) *Improba multorum vel curiosorum arrogantia .... etiam inter medios Christianos multis deterius sapit ethnicis. Fabric. Delectus argum. & sillab. script. p.* 421.

(25) Le Philosophe malgré lui. 1761. par M. Chamberlan.

(26) Examen du Pyrrhonisme. p. 476.

(27) *Ibid.* p. 575.

(28) M. de Maupertuis raisonne de la même façon sur les bêtes, quoique ma mémoire ne me rappelle pas son Ouvrage de maniere à le pouvoir citer.

(29) Il y a déja plusieurs siécles que la question

du ſort des animaux après leur mort, a été fortement agitée. Voy. Henri More, Théologien de Cambridge. Scot Erigene, Jean Lippius, qui fut Profeſſeur à Strasbourg. M. Boullier penſoit que l'opinion de l'immortalité de l'ame des bêtes, pouvoit être contraire à la foi, mais il ne nous paroît pas qu'on ſoit obligé de le ſuivre ſur ce point.

(30) L'Auteur de l'inégalité des conditions, *in*-12. p. 21. met la principale différence des hommes aux animaux, dans la liberté de ceux-là, au lieu que les animaux n'ont que l'inſtinct.

(31) L'ame ne peut point tendre d'elle-même au néant en vertu de ſon eſſence, car dès-lors elle ne pourroit ſubſiſter un inſtant, ni par conſéquent former une union durable avec le corps.

FIN.

TABLE DES MATIERES.

Fin de la Table.

PRIVILEGE DU ROI.

LOUIS, par la grace de Dieu, Roi de France & de Navarre ; à nos Amés & féaux Conseillers, les Gens tenans nos Cours de Parlement, Maîtres des Requêtes ordinaires de notre Hôtel, Grand Conseil, Prevôt de Paris, Baillifs, Sénéchaux, leurs Lieutenants Civils & autres qu'il appartiendra ; SALUT : Notre Amé JOSEPH BERTHIER, Libraire à Paris, nous a fait exposer qu'il désiroit faire imprimer & donner au Public un Ouvrage qui a pour titre *Le Tableau des Incrédules Modernes au lit de la mort*, s'il nous plaisoit lui accorder nos Lettres de Permission pour ce nécessaire ; A ces Causes, voulant favorablement traiter l'Exposant, nous lui avons permis & permettons par ces Présentes, de faire imprimer ledit Ouvrage autant de fois que bon lui semblera, & de le vendre, faire vendre & débiter par tout notre Royaume, pendant le tems de trois années consécutives, à compter du jour de la date des Présentes : Faisons défenses à tous Imprimeurs, Libraires & autres personnes de quelque qualité & condition qu'elles soient, d'en introduire d'impression étrangére dans aucun lieu de notre obéissance ; à la charge que ces Présentes seront enrégistrées tout au long sur le Régistre de la Communauté des Imprimeurs & Libraires de Pamis, dans trois mois de la date d'icelle ; que l'impression dudit Ouvrage sera fait dans notre Royaume, & non ailleurs, en bon papier & beaux caractéres, conformément à la feuille imprimée attachée pour modéle sous le Contre-Scel des Présentes ; que l'Impétrant se conformera en tout aux Réglemens de la Librairie, & notamment à celui du dix Avril mil sept cent vingt-cinq ; qu'avant de l'exposer en vente, le manuscrit qui aura servi de copie à l'impression dudit Ouvrage, sera remis dans le même état où l'Approbation y aura été donnée, ès mains de notre très-cher & féal Chevalier, Chancelier de France le Sieur de Lamoignon, & qu'il en sera ensuite remis deux Exemplaires dans notre Bibliotéque publique, un dans celle de notre Château du Louvre, un dans celle de notre très-cher & féal Chevalier, Chancelier de France le sieur de Lamoignon, le tout à peine de nullité des Présentes ; Du contenu desquelles, vous mandons & enjoignons de faire jouir ledit Exposant & ses Ayans causes, pleinement & paisiblement, sans souffrir qu'il leur soit fait aucun trouble ou empêchement ; Voulons qu'à la copie des Présentes, qui sera imprimée tout au long au commencement ou à la fin dudit Ouvrage, foi soit ajouté comme à l'original : Commandons au premier notre Huissier ou Sergent, sur ce requis, de faire pour l'exécution d'icelles, tous actes requis & nécessaires sans demander autre permission, &

nonobstant clameur de Haro, Chartre-Normande, & Lettres à ce contraires ; car tel est notre plaisir. Donné à Marly le douzieme jour du mois de Juin, l'an de grace mil sept cent soixante-un, & de notre Regne, le quarante-sixieme. Par le Roi en son Conseil. LE BEGUE.

Régistré sur le Régistre XV. de la Chambre Royale & Syndicale des Libraires & Imprimeurs de Paris N°. 352. Fol. 187. conformément au Réglement de 1723. A Paris ce 19 Juin 1761. G. SAUGRAIN, Syndic.

www.ingramcontent.com/pod-product-compliance
Ingram Content Group UK Ltd.
Pitfield, Milton Keynes, MK11 3LW, UK
UKHW020214250726
13967UKWH00003B/1464